David Seamands
DIE 50/20-VISION

David Seamands

Die 50/20-Vision

Larmann
Postfach 640
3550 Marburg

CIP-Titelaufnahme der Deutschen Bibliothek

Seamands, David:
Die 50/20-Vision / David Seamands
[Dt. von Agentur Thomas Lardon / Christine Süß]
Marburg an der Lahn: Francke, 1991
(Larmann-Bücher)
Einheitssacht.: Living with your dreams ‹dt.›
ISBN 3-88224-865-3
NE: Seamands, David: Die 50/20-Vision

Alle Rechte vorbehalten
Originaltitel: Living with your Dreams
© 1988 by SP Publications, Inc., Wheaton, USA
© der deutschsprachigen Ausgabe
1991 by Verlag der Francke-Buchhandlung GmbH
3550 Marburg an der Lahn
Deutsch von Agentur Thomas Lardon / Christine Süß
Umschlaggestaltung: Uno-Design, Baden-Baden
Texterfassung: Verlag der Francke-Buchhandlung GmbH / Heike Schmidt
Satz: Druckerei Schröder, 3552 Wetter/Hessen
Druck: Schönbach-Druck GmbH, 6106 Erzhausen

LARMANN-Bücher

Inhaltsverzeichnis

Vorwort 7
1. Hier kommt der Träumer 9
2. Träume brauchen Mäßigung 19
3. Zerstörer des Traumes 31
4. Verführer des Traumes 39
5. Zerbrochene Träume reparieren 51
6. Gefangene Träume 63
7. Gottes Übersetzer 79
8. Den Traumzerstörern vergeben 93
9. Vergebung — Gottes Rolle und unsere 107
10. Die 50/20-Vision des Träumers 125

Vorwort

Das überragende Thema dieses Buches ist: Gott wirkt in allen Dingen, selbst den scheinbar kleinen. Das tut er, um die Träume zu verwirklichen, welche er uns eingibt, um sein Ziel mit unserem Leben zu erreichen.

Ich habe immer davon geträumt, zu schreiben – aber konnte irgendwie nie anfangen. Ende der 70er Jahre wurde der Traum durch eine starke innere Stimme des Heiligen Geistes noch einmal bekräftigt, die sagte: „Fang an zu schreiben." Aber ich konnte nicht meine andere innere Stimme, mein inneres Kind der Vergangenheit, vergessen, die entgegnete: „Sei nicht dumm; niemand wird es lesen. Alle halten dich für einen Dummkopf." Es ist traurig, aber wahr, daß diese Angst mich davon abhielt, der göttlichen Vision zu folgen. Gott wußte, daß ich einen Anstoß von außen benötigte, um meine Trägheit zu vergessen und zu beginnen.

Durch Gottes gnädige Vorsehung schrieb sich Cathy Streeter am Asbury College ein. Dies war sehr ungewöhnlich, weil Cathy in der Nähe einiger anderer sehr guter christlicher Universitäten lebte, auf die sie hätte gehen können. Nach einigen Wochen in meiner Kirche schrieb sie ihrer Mutter über ihren neuen Pastor, der, wie sie meinte, einen guten Buchautor abgeben würde. Zufälligerweise war ihre Mutter, Carole Streeter, Lektorin eines christlichen Verlages. Sie drängte mich nicht nur zu schreiben, sondern ermutigte mich auch immer wieder, als ich das Buch zwei Jahre lang aufschob. Schließlich machte sie mir ein ungewöhnliches Angebot – meine Predigtkassetten abzuschreiben und zu redigieren. So klappte es endlich.

Das Ergebnis dieses Prediger-Tochter-Mutter-Verleger-Kontaktes war die Veröffentlichung des Buches "Heilung der Gefühle", sowie Folgebücher über emotionale und geistige Heilung. Die Worte aus William Cowpers berühmtem Hymnus über die Vorsehung sind wirklich angebracht: „Gott wirkt auf mysteriöse Weise, um seine Wunder zu vollbringen." In diesem Fall sind die Worte meines Vaters allerdings noch passender, der diesen Satz folgendermaßen umformulierte: „Gott wirkt auf spitzbübische Weise, um unsere Schnitzer auszubügeln."

Ich möchte daher Cathy Streeter Parker danken, aber auch Carole Streeter für ihre Vorschläge, Korrekturen, Ermutigungen und Bestätigungen, ohne die mein Traum vom Schreiben nicht Wirklichkeit geworden wäre.

David A. Seamands
Asbury Theological Seminary
Wilmore, Kentucky
1990

Kapitel 1

Hier kommt der Träumer

In fast jeder Familie gibt es ein Kind, das anders ist. Eines, das sich von den anderen abhebt. Nicht unbedingt durch seine Schönheit oder äußere Merkmale. Nein, nicht dadurch wie es *aussieht*, sondern wie es *die Welt sieht*. Das Kind ist anders in der Art, wie es andere sieht und ansieht. Solche Kinder werden anders gesehen und sehen Dinge anders. Oder ist es umgekehrt? Weil sie das Leben anders *wahrnehmen*, werden sie vielleicht anders *wahrgenommen*. Wahrscheinlich funktioniert es in beide Richtungen, beides hilft den einen bzw. anderen Eindruck zu bestärken.

Oft kommen diese Kinder aus warmherzigen und wunderbaren Familien. Aber manchmal ist gerade das Gegenteil der Fall, und jeder wundert sich, wie diese Kinder so werden konnten, wie sie sind. Ohne Zweifel wirken viele bekannte wie unbekannte Elemente zusammen, die diese Kinder *anders* machen.

Wenn wir genau hinsehen, werden wir, glaube ich, einen der Schlüsselfaktoren entdecken: irgendwann wurden diese Menschen von einem Traum gefangengenommen und fasziniert. Eine Idee motiviert sie, ein Ideal, welches sie in Richtung eines bestimmten Zieles drängt. Einerseits ist dieser Traum – man kann ihn auch Vision oder Aspiration nennen – wie eine innere Antriebskraft. Andererseits gleicht er der Anziehungskraft eines Magneten von außen. Dies können wir in fast allen Lebensbereichen sehen, am besten aber im Sport, vielleicht weil man es da so einfach beobachten und sogar messen kann. In seinem Buch "The Heart of a Champion" (Das Herz eines Siegers) beschreibt der Medaillengewinner Bob Richards die große Bedeutung eines solchen Traumes, wenn er von dem berühmten Läufer Charley Paddock spricht. Eines Tages, als Charley vor einer Versammlung in der Cleveland High School sprach, sagte er: „Wer weiß, vielleicht haben wir einen zukünftigen Olympiasieger mitten unter uns!" Danach kam ein spindeldürrer schwarzer Junge, der am Rande der Zuhörermenge gestanden hatte, auf ihn zu und sagte sehr schüchtern: „Ich würde alles dafür geben, um eines Tages ein Weltklasseläufer zu werden." Charley Paddock antwortete ihm: „Das kannst du, wenn du es zu deinem Ziel machst und alles dafür gibst." 1936 gewann dieser junge Mann namens Jesse Owens Goldmedaillen und brach in Berlin Rekorde. Adolf Hitler sah Owens beachtliche Leistung und war außer sich, da die Erfüllung dieses Traumes vor allem anderen seinen krankhaften Traum von einer überlegenen arischen Rasse zerstörte.

Als Jesse Owens wieder zu Hause ankam, wurde er mit einem Konfettiregen begrüßt. Am selben Tag kam wieder ein dürrer Junge durch die Menge und sagte: „Ich würde gerne ein Läufer bei der Olympiade werden, wenn ich groß bin." Und Jesse erinnerte sich, nahm den Jungen bei der Hand und sagte: „Hab' große Träume, Sohn, hab' große Träume. Und gib' alles dafür." 1948 gewann Harrison Dillard bei den Olympischen Spielen die Goldmedaille.

Ein Schüler bereitete sich auf einen Wettkampf im Hochsprung vor. Jedesmal schob sein Trainer die Latte ein wenig höher. Schließlich legte er sie auf die Rekordhöhe für diese Altersklasse. Der Teenager protestierte: „Nun mal langsam, glauben Sie etwa, daß ich jemals *so hoch* springen könnte?" Da antwortete der Trainer: „Gib' zuerst deinem Herzen einen Stoß über die Latte, der Rest wird folgen."

Jesus deutete an, daß es etwas gibt, was dem Herzen noch vorausgeht. „Denn euer Herz wird immer dort sein, wo ihr euren Reichtum habt" (Matth. 6,21). Wenn das *Herz* Wünsche reflektiert, dann ist der *Reichtum*, für den wir bereit sind, jeden Preis zu zahlen. Auf dieser tiefsten Ebene arbeiten unsere Träume — diese hochgeschätzten Träume, die unser Herz erfüllen und unsere Wünsche beflügeln.

Träume sind ansteckend. Der Traum eines Menschen kann eine Menge „anstecken" und sie inspirieren, ein gemeinsames Ziel anzustreben. Ich habe vor Jahren selbst die ansteckende Wirkung eines Traums erfahren. Es war Anfang 1963, und wir waren kurz zuvor von 16 Jahren Missionsarbeit aus Indien zurückgekehrt. Ich war im ersten Jahr als Pastor im Amt und hatte, zusammen mit einigen anderen Geistlichen und Laien, hart daran gearbeitet, Schwarze in die staatlichen Schulen unseres Bezirks zu integrieren. Es gab eine Menge Widerstand, und ich wurde dadurch ziemlich entmutigt. So marschierte ich eines kalten Wintertages zum Regierungssitz unseres Bundesstaates nach Kentucky, um zusammen mit einigen tausend Menschen, die aus dem ganzen Land gekommen waren, an einer Demonstration teilzunehmen.

Ich hatte viel über den Sprecher des Tages gehört und hoffte, daß er unsere Aufgabe weiter voranbringen würde. Am Anfang gab er einen Überblick über die Bürgerrechtsbewegung in den USA und faßte deren wichtigste Ziele zusammen. Dann kamen langsam, aber unausweichlich seine Worte und Emotionen in Schwung, wie eine Symphonie, die an Intensität zunimmt. Ich spürte die Veränderung, als die Menge sich regte und ihren Gefühlen hörbaren Ausdruck verlieh. Etwas Ähnliches hatte ich beim Unabhängigkeitskampf in Indien bemerkt, und ich wußte, was mit einer großen Ansammlung von Menschen passieren konnte. Deshalb beschloß ich, lediglich ein Beobachter zu bleiben. Ich würde es mir selbst nicht erlauben, mich mitreißen zu lassen. Was auch immer die anderen tun würden, *ich würde nicht meine Ruhe verlieren. Ich würde mich zu nichts hinreißen lassen!*

Aber dann erreichte Dr. Martin Luther King den Höhepunkt seiner Rede. „Ich habe einen Traum!" rief er jubelnd und zeichnete uns ein Bild dieses Traumes, indem er uns sein Innerstes offenbarte. Immer wieder rief er den gewaltigen Refrain: „Ich habe einen Traum! . . . Ich habe einen Traum!"

Jedesmal fügte er ein feuriges Zitat eines alttestamentlichen Propheten und ein weiteres Bild seines Traumes hinzu. Schließlich zeigte er uns das ganze Bild seiner Traumlandschaft, wie eine Kamera, die sich dem Objekt immer weiter nähert, bis es das Bild ganz ausfüllt. Ich war wie elektrisiert, klatschte und hörte mich rufen: „Amen . . . Ja . . . Richtig . . . Amen!" Dies war ein unvergeßliches Erlebnis. Meine Enkel würden sagen: *„Es war irre."* Es war wirklich so. An diesem Tag lernte ich die „irre" Kraft eines ehrfurchtgebietenden Traumes kennen. Und ich ging ergriffen und ermutigt nach Hause.

Ende 1989 wurden wir Zeugen der unwiderstehlichen Kraft des großen Friedenstraumes. Wir waren aus dem Häuschen vor Freude, als wir von dem Ende des kalten Krieges erfuhren und sahen, wie Stacheldrahtzäune zusammengerollt und Betonmauern eingerissen wurden. Immer wieder hörten wir die Menschen freudig, mit Tränen in den Augen, sagen: „Von diesem Augenblick haben wir seit Jahren geträumt."

Wenn wir Vorkommnisse damit erklären, daß nichts die Kraft einer Idee, deren Zeit gekommen ist, aufhalten kann, geben wir nur zu, was die treibende Kraft eines Traums ist. *Ohne* einen Traum oder eine Vision gehen die Menschen unter; aber *mit* einem Traum können sie der Verfolgung standhalten, in Opposition ausharren und das Ziel mit Ausdauer verfolgen.

Ein junger Mann und sein Traum

Nirgendwo ist die Bedeutung eines Traumes augenfälliger als in der Josephsgeschichte. In 1. Mose 37 werden wir mehrere Male darauf aufmerksam gemacht, wie wichtig Träume in Josephs Leben waren.
- „Dazu hatte Joseph einmal einen Traum" (V.5)
- „Und sie wurden ihm noch mehr feind um seines Traumes und seiner Worte willen" (V.8)
- „Und er hatte noch einen zweiten Traum" (V.9)
- „schalt ihn sein Vater und sprach zu ihm: Was ist das für ein Traum?" (V.10)
- „Seht, der Träumer kommt daher! So kommt nun und laßt ihn uns töten ... so wird man sehen, was seine Träume sind" (V.19).

Joseph hatte Träume, während er schlief. Weil sie aber so stark und lebendig waren, wurden sie die zwingende Vision für sein Leben, während er wach war. Im Grunde war es ein Traum über Gottes Segen für sein Leben, eine Vision, daß er eine Position mit Autorität und Führungskraft innehaben würde. Obwohl der Traum ihm sehr unrealistisch erschien, vergaß Joseph ihn nie, zweifelte ihn nie an, gab ihn niemals auf. Selbst als der Traum durch skrupellose Feinde und undankbare Gefährten, durch unerträgliche Schande und ungerechtes Leiden gänzlich erschüttert schien, blieb er für Joseph ein hohes und heiliges Ziel. Der Traum gab ihm Kraft, auf dieses Ziel zuzugehen, und erfüllte ihn mit dem steten Vertrauen, daß Gott ständig bei ihm war und den Traum irgendwie zur Erfüllung bringen würde.

Dieses Buch will die erstaunliche Entwicklung der Josephsgeschichte verfolgen. Vom rein menschlichen Standpunkt ist sie so interessant und aufregend wie kaum eine andere Erzählung. Vor vielen Jahren schrieb Thomas Mann einen mehrbändigen Roman nach dem Leben Josephs. Aber weil dies auch eine Geschichte Gottes ist, werden wir dadurch einige der wichtigsten Lektionen, die Gottes Wort uns lehrt, entdecken. Paulus sagt uns: „Denn alle Schrift, von Gott eingegeben, ist nütze zur Lehre, zur Zurechtweisung, zur Besserung, zur Erziehung in der Gerechtigkeit" (2. Tim. 3,16).

Was die Josephsgeschichte so ansprechend macht, ist die faszinierende „Verpackung" der inspirierten Schrift. Dies ist einer der Gründe, warum die Josephsgeschichte für Jung und Alt gleichermaßen interessant ist.

Bevor ich fortfahre, möchte ich betonen, daß dieses Buch keine Untersuchung über Schlafträume oder ihre Interpretation ist. Ich setze solche Träume nicht herab, da sie einen der Hauptwege darstellten, über die

Gott zu biblischen Zeiten mit den Menschen kommunizierte. Interessanterweise unterscheidet die Bibel nicht zwischen Träumen, Visionen, Erscheinungen und Engeln oder Boten und einzigartigen Fällen von „im Geist des Herrn" sein. Einige persönliche Erfahrungen, die ich in meiner eigenen inneren Pilgerfahrt und meiner Tätigkeit als Seelsorger hatte, überzeugen mich, daß Gott noch heute gelegentlich durch sie zu uns spricht.

Wenn ich in diesem Buch über Träume und Vision spreche, meine ich zum einen unsere geistigen Vorstellungen, die uns bestimmte Ziele vor Augen führen — und zum anderen das starke Verlangen, sie zu verwirklichen. Man muß kein Christ sein oder etwa besonders religiös, um einen Traum zu haben und dessen Macht, Schwung und Energie ins Leben zu bringen, zu spüren. Deshalb habe ich Beispiele von vielen verschiedenen Menschen gebracht.

Mein hauptsächliches Interesse liegt darin, Christen beim Entdecken und Ausleben ihrer Träume zu helfen. Als Christen können wir einen Traum von vielen verschiedenen Blickwinkeln sehen und bezeichnen — als ein hohes und heiliges Ideal, eine Ahnung eines erwünschten Ziels, eine zwingende Idee oder einen Plan, den wir gerne ausführten, eine Sache, die uns stark berührt, ein Ruf an einen bestimmten Ort oder Dienst, oder eine Vision, die wir in diesem Dienst gern erreichen würden. *Unser Hauptinteresse liegt nicht darin, wie Gott uns den Traum eingab, sondern darin, was er durch ihn erreichen möchte.* Joseph bekam seinen *Traum* durch *Träume* und Paulus seine *Vision* durch eine *Vision*. Was Kornelius und die Nichtjuden betrifft: Petrus erhielt *seine Anleitung durch eine Vision*, „Verzückung" (Apg. 10,10), Kornelius hingegen *durch eine Erscheinung* (Apg. 10,3).

Heute kennen wir das vollständig niedergeschriebene Wort der Schrift und auch Jesus Christus, das lebendige Wort; die innere Stimme des Heiligen Geistes ist jetzt hier und wirkt auf neue Weise; die Wahrheiten unseres sich ständig ausweitenden Wissens von Gottes erschaffener Welt; und die Weisheit und Führung der Gemeinde, des Leibes Christi in dieser Welt. *Gott kann seinen Traum für uns durch einen oder alle diese Wege in uns hineinlegen und tut es auch.* Es spielt keine Rolle, wie wir einen Traum bekommen, sondern, daß wir einen haben — und daß wir Gott gestatten, in unserem Leben zu wirken, damit er das erreichen kann, was er wollte, als er uns den Traum gab.

Das ist der Grund, weshalb trotz der vielen Unterschiede die Geschichte von Joseph uns die beste Anschauung und größte Inspiration bietet. Denn sie zeigt deutlich Josephs unerschütterliche Verpflichtung, dem Traum treu zu bleiben, und Gottes beharrliche Verpflichtung, ihn zu erfüllen.

Ist Joseph zu gut?

Bevor wir weitermachen, lassen Sie mich gestehen, welches meine größten Bedenken waren, ein Buch auf die Josephsgeschichte zu gründen. Vielleicht haben Sie auch schon daran gedacht. Können wir wirklich so viel aus dem Leben Josephs lernen? *Ist er nicht ein bißchen zu gut?* Vielleicht nicht perfekt, aber fast? Mit gutem Grund wird er als die Person des Alten Testaments bezeichnet, die Christus am ähnlichsten ist. Er scheint alles richtig zu machen, niemals der Versuchung nachgebend, niemals zögernd, niemals zweifelnd oder unter der Belastung zusammenbrechend. Was kann er uns also sagen, die wir vieles, wenn nicht sogar alles des oben Genannten tun? Letztlich wurden Josephs Träume erfüllt, während unsere zerbrechen und zunichte gemacht werden.

Wir fragen nicht: „Ist die Josephsgeschichte zu gut, um wahr zu sein", sondern: „Ist sein Leben zu gut, um hilfreich und nützlich zu sein?" Nützlich für diejenigen unter uns, die im Gegensatz zu Joseph Gottes Traum für ihr Leben zunichte gemacht haben? Kann Gott durch diesen *fast perfekten Joseph* zu uns *nicht so perfekten Menschen* sprechen? Solcher Art sind die Fragen, die ich mir stellen mußte, weil so viel in meinem eigenen christlichen Leben und Amt damit zu tun hatte, die heilende Gnade zu erfahren und diese dann anderen Menschen mit Verletzungen weiterzugeben. Heutzutage benötigen viele Menschen Hilfe, um ihre zerbrochenen Träume zu reparieren und ihre zerstörten Leben wieder aufzubauen.

Je mehr ich betete und zuhörte, desto weniger jedoch verfolgten mich diese Fragen. Je mehr ich in die Details der Geschichte eindrang, desto deutlicher wurden mir die Augen (Eph. 1,18) für den Traum des Heiligen Geistes über das Buch geöffnet. Ich habe schon immer geglaubt, daß der Heilige Geist besonders im Bereich unseres Unterbewußtseins wirkt. Ich habe die Bezeichnung *Unterbewußtsein* nie für wichtig gehalten, weil es ein Widerspruch in sich zu sein scheint und verwirrend sein kann. Es ist egal, wie wir es nennen, doch gibt es eine innere, tiefere Schicht des Bewußtseins, in welcher der Heilige Geist wirkt und in der Gott mit uns sprechen will.

Wie so oft, wachte ich eines Morgens auf, meinen Kopf voll neuer Gedanken. Ich schrieb sie schnell in unreiner Form nieder. Nach weiteren

Überlegungen verfaßte ich dieses Buch um sie herum. Ich hoffe, daß es die Fragen beantworten wird, die wir gestellt haben.

– Unsere Träume, Aspirationen und Visionen sind oft von Gott eingegeben und sind einer seiner Wege, mit uns zu sprechen. Durch sie möchte er unsere Einzigartigkeit und Gaben entwickeln, um seine Absichten zu verwirklichen.
– Aber diese Träume können oft vermischt werden mit unserem Stolz, Egoismus, unserer Unreife und Sünde. Sie müssen gereinigt, getestet, gereift, verbessert und manchmal sogar neugestaltet werden.
– Außerdem sind in dieser gefallenen, fehlerhaften Welt die Träume häufig gestört, zerbrochen, zunichte gemacht und unerfüllt. Dies kann durch die Sünden und Entscheidungen anderer geschehen, Ereignisse und Umstände, über die wir keine Kontrolle haben, unsere eigenen Sünden und Entscheidungen, oder einer Verkettung dieser Faktoren.
– Wenn dies geschieht, möchte Gott nicht, daß wir diese Träume aufgeben. Er möchte vielmehr mit uns arbeiten, um
  unsere unrealistischen Träume zu verbessern,
  unsere zerbrochenen Träume wiederherzustellen,
  unsere aufgeschobenen Träume zu verwirklichen,
  und
  unsere zerstörten Träume neu zu planen,
damit *seine Absichten* und *unsere Träume* erfüllt werden. Ich glaube, daß die Josephsgeschichte diese Grundprinzipien erhellt und illustriert, da sie so „normal" ist.

Eine altertümliche Familie mit modernem Aussehen

Zu oft romantisieren wir die Josephsgeschichte und betrachten sie durch die rosarote Brille. Aber wenn wir dies tun, gehen einige relevante Details verloren, durch die Gott zu uns sprechen möchte.

Wenn wir die Familie Josephs betrachten, sollten wir die Geschichte nicht bei 1. Mose 37,2 beginnen, wo Joseph im Alter von 17 Jahren in den Mittelpunkt rückt und eine Reihe von erstaunlichen Abenteuern erlebt. Wir müssen etliche Kapitel zurückgehen, um mit unserer Untersuchung zu beginnen. Im Gegensatz zu fast allen anderen historischen Büchern des ATs folgen die ersten Kapitel des 1. Buches Mose nicht einer strikten Chronologie. Sie springen von einer Zeit zur anderen und von einer Person zu anderen, so daß die Zeitfolge nicht der Kapitelfolge entspricht.

Um den wahren Hintergrund der Geschichte zu verstehen, sollten wir im 29. Kapitel beginnen. Dann können wir einen gründlichen Blick auf die komplizierten Familienverhältnisse Jakobs, aus der Joseph stammt, werfen. Man braucht nicht lange, um zu erkennen, daß es keine ideale Situation war. Es handelt sich dabei sogar um eine Familie, die aus mehreren verwandten Familien bestand. Der Vater, Jakob, hatte zwei Frauen, Lea und Rahel, die Schwestern waren. Zwei andere Frauen, Zilpa und Bilha, waren die Dienerinnen der Frauen und hatten ebenfalls Kinder von Jakob. Dies könnte man als altertümliches Modell der Leihmutterschaft bezeichnen.

Die Familie setzt sich also aus einem Vater, vielen Müttern, Geschwistern und Halbgeschwistern zusammen. Zählt man noch eine große Zahl von Großeltern und Stiefgroßeltern dazu, so bekommt man eine recht umfangreiche (aber nicht sehr harmonierende) Familie. Wenn wir die plastischen Details in 1. Mose 29-31 und 34-35 lesen, treffen wir auf Konflikte, Egoismus, Bevorzugung, Neid, Haß, Rache, Lust, Vergewaltigung, Inzest, Betrug und sogar Massenmord. Nicht gerade die ideale Familie ...

Vor einigen Jahren kam ein arabischer Scheich in die USA, um sich operieren zu lassen. Er brachte seine Frau, Kinder und Diener mit und mietete das ganze Stockwerk eines Hotels für sie. Eine Zeitung nannte das Gefolge seine Familie, aber ein Reporter der Zeitschrift TIME witzelte, es sei wohl eher ein Zirkus. Wenn wir versuchen würden, einen Stammbaum von Josephs Familie aufzustellen, könnte er auch wie ein Zirkus aussehen.

Ich gehe deshalb so ausführlich darauf ein, weil die Geschichte, obwohl sie 2000 Jahre vor Christus spielt, selbst nach 4000 Jahren noch erstaunlicherweise relevant ist. Natürlich waren die damaligen Gebräuche und Umgangsformen anders als heute, aber die daraus resultierenden komplizierten Familienverhältnisse weisen viele Ähnlichkeiten auf.

In den USA lassen sich heutzutage etwa 50 Prozent derjenigen, die zum ersten Mal heiraten, später wieder scheiden. Nach einiger Zeit heiraten etwa 75 Prozent dieser Geschiedenen noch einmal. Aufgrund dieser kontinuierlichen Familienauflösung wird erwartet, daß im Jahre 2000 ungefähr die Hälfte aller Kinder einen Teil ihres Lebens mit Stiefeltern und Stiefgeschwistern verbringen wird.

In den letzten Jahren muß ich mich in der Seelsorge mit den tragischen Verwicklungen auseinandersetzen, die daraus entstehen, was Soziologen heutzutage als "Serienpolygamie" bezeichnen - den Scheidungen und den Wiederverheiratungen. Wenn Paare mir ihre Lebensgeschichte erzählen, habe ich keine Probleme mit „seine", „ihre" und „unsere" Kinder. Aber gelegentlich entdecke ich ein Kind, das in keines dieser Kategorien zu passen scheint, weil es eine „Scheidungswaise" ist. Es handelt sich dabei um das Kind eines Partners aus einer früheren Ehe, das bei einem Elternteil blieb, als der Ehepartner ging und das Kind einfach aufgab! Manchmal sind solche Familien nicht nur ein Zirkus, sondern ein Chaos.

Es ist erstaunlich, daß unser Gott — der Gott Abrahams, Isaaks und Jakobs, der solche kaputten Menschen dazu erwählte, seine Freunde zu sein — sich darauf zu spezialisieren scheint, aus diesen Fehlern, diesem Zirkus und Chaos, Wunder zu schaffen. Er macht dies nicht immer so, wie wir es gerne hätten — indem er sofort in die jeweilige Situation eingreift und die äußeren Umstände der Menschen verändert, damit sie sich dadurch verändern können. Meistens legt er in die Menschen eine veränderte Lebensanschauung — einen Traum, eine Vision, eine starke Überzeugung — die sie dahingehend verändert, daß sie in der Lage sind, über den Dingen zu stehen und selbst zu Werkzeugen der Veränderung zu werden. Einige der Leser werden besonders diesen Teil der Josephsgeschichte auf sich beziehen wollen. Ich bete dafür, daß Sie die Inspiration und Energie bekommen, Ihre Träume auszuleben, *aus welcher Familie Sie auch stammen.*

Wenn wir die Josephsgeschichte durcharbeiten, werden wir immer wieder dieselbe Botschaft hören: die von *Gottes unglaublichen Fähigkeiten, aus Schlechtem Gutes zu machen.* Diese Botschaft ist deshalb so deutlich, weil die Josephsgeschichte, wie ein kunterbunter Mantel, Farbkombinationen und Kontraste aufweist, die vielleicht lebendiger sind als in irgendeiner anderen Erzählung der Bibel.

Sie enthält
    die schönsten Träume und die stärksten Hindernisse,
    die höchsten Ideale und die tiefsten Ungerechtigkeiten,
    die heiligsten Bestimmungen und die tödlichsten Niederlagen,
    die unheimlichsten Handlungen und die seltsamsten Wendungen.

Viermal werden wir in 1. Mose 39 daran erinnert: „Der Herr war mit Joseph". Somit wurden aus den größten Tragödien die strahlendsten Triumphe! Dies ist eine Botschaft, die wir alle hören sollten.

Kapitel 2

Träume brauchen Mäßigung

1910 machte der große und schlacksige Arnett mit 18 Jahren seinen Abschluß an der High School in Tucson, Arizona. Sein Vater war Zugführer und seine älteren Brüder Eisenbahningenieure. Religion hatte bis zum Tode seiner Mutter, etliche Jahre zuvor, zumindest nur eine kleine Rolle gespielt. Von klein auf hatte er davon geträumt, Hoch- und Tiefbauingenieur zu werden. Aber die Zeiten waren schwer, und seine Familie konnte es sich nicht leisten, ihm ein so teures Collegestudium zu zahlen.

Eines Tages hörte Arnett, daß der Fachbereich Ingenieurwesen der Universität von Cincinnati ein „Werkstudium" für Hoch- und Tiefbauingenieure anbot. Das bedeutete, daß er ein paar Monate studieren und dann ein paar Monate arbeiten würde. Er hatte viel Zeit seines Lebens damit verbracht, in den Steppen Arizonas zu wandern, und freute sich schon darauf, Gleise zu verlegen und Brücken für die Eisenbahn zu bauen. Er war genauso zäh und gottlos, wie man es von jemandem in so einer Truppe erwarten würde. Aber er hatte einen gläubigen Onkel, der ein tiefes Interesse an ihm hatte.

Während eines Sommerurlaubs lud Onkel John ihn ein, mit ihm ein „Camp" zu besuchen. Weil Arnett dachte, daß es ein Sommerjugendlager sei, wo er hübsche Mädchen kennenlernen würde, sagte er freudig zu. Wie groß war der Schock, als er merkte, daß es ein altmodisches Methodisten-Lager war, mit drei Predigten täglich. Da aber Onkel John einige seiner Kosten bezahlen würde, sah er es als seine Pflicht an, wenigstens ein paar Tage zu bleiben.

Es kam der Missionarstag. Arnett nahm widerwillig daran teil und setzte sich in eine der hintersten Reihen. Der Gastredner, ein bekannter Methodistenprediger aus China, berichtete von den armseligen Lebensumständen der Menschen und ihrem Bedürfnis für Christus. Außerdem sprach er über Chinas großen Mangel an Straßen, Brücken und Gebäuden — genau das, worauf Arnett sich spezialisierte. Jetzt hörte er dem Redner nicht länger zu. Er träumte vor sich hin, als Ingenieur nach China zu gehen. Er stellte sich vor, berühmt zu werden und selbstverständlich jede Menge Geld zu verdienen.

Plötzlich wurde dieser Tagtraum rüde unterbrochen. Ein seltsames Gefühl — etwas, jemand — schien zu ihm zu sprechen. Noch mehr: Über der Bühne und dem Kopf des Redners erschien eine Vision. Ein Wort stand dort in glühenden Silberbuchstaben: Indien. Eine innere, kristallklare Stimme — genauso klar wie das Zeichen — sagte: „Nein, nicht China. Ich möchte, das Du ein Missionar in Indien wirst." Dies alles geschah in wenigen Sekunden, ließ Arnett allerdings am ganzen Körper erzittern — vor Angst, aber hauptsächlich vor Zorn. „Wie kannst Du (natürlich wußte er instinktiv, daß es sich um Gott handelte) es wagen, in meine Pläne zu funken? Missionar in Indien? Ich bin ja nicht einmal Christ!" Er zitterte so sehr, daß er aufstand und die Versammlung verließ.

Eine schöne Geschichte, oder? Aber das ist wirklich passiert. Denn dieser junge Mann war mein Vater, der sich nach seinem Ruf zum Dienst bekehrte. Entgegen der Ratschläge der meisten Christen verließ er die Ingenieurschule nicht, um auf eine Bibelschule zu gehen. Statt dessen hielt er an seinem Traum fest und machte sein Ingenieursdiplom. Er sagte: „Ich kann dieser göttlichen Vision nicht ungehorsam sein." Er hielt daran fest oder sie hielt an ihm fest, selbst als er Jahrgangsbester wurde und vom Unipräsidenten als Dummkopf bezeichnet wurde, weil er den begehrten Preis, ein Stipendium für die Cornell Universität und die Garantie eines lukrativen Jobs, ablehnte. Er wurde „Ingenieur-Evangelist" in Indien und diente dort mehr als vierzig Jahre lang. Er führte Tausende zu Christus und baute über 100 Kirchen sowie Krankenhäuser und Schulen. Bei der 100-Jahrfeier der Methodisten in Indien wurde E.A. Seamands zum „Missionar des Jahrhunderts" für Südindien ernannt.

Mein Vater wich niemals von seiner Vision ab. Nach seiner offiziellen Pensionierung im Jahre 1957 kehrte er sechsmal nach Indien zurück, um jeweils drei Monate dort zu dienen. 1978 erhielt er einen Herzschrittmacher und ging sechs weitere Male nach Indien zurück — es wurden seine produktivsten Jahre. Er war 92 Jahre alt, als er 1984 seine letzte Fahrt nach Indien unternahm. Er starb in Indien und ist dort auch begraben.

Ich habe Ihnen von den Ergebnissen erzählt, die aus dem ersten Traum meines Vaters resultierten. Natürlich war das wichtigste Ergebnis, soweit es mich persönlich betrifft, daß die Familie Seamands damit begann, daß mein Vater durch eine Vision eine Wendung um 180 Grad machte. Jetzt können Sie verstehen, warum mich Träume und Visionen schon immer fasziniert haben und warum sie für meinen Bruder, mich, unsere Kinder und Enkel so wichtig sind.

Haben Sie einen Traum?

Nicht in jedem Leben wirkt Gott so dramatisch. Aber ich glaube, daß er allen seinen erlösten Kindern eine Art Traum und Vision schenken möchte, die sie dann fest auf dem Weg hält, den Gott für ihr Leben vorgesehen hat.

Vor vielen Jahren wurde einmal ein Student aus England gebeten, ein Jahr lang einen Job in Indien anzunehmen. Dies erschien ihm als reizvolle Aufgabe, und so nahm er sie an. Während er dort war, fing die Arbeit an, ihn zu reizen und herauszufordern. Der Traum von einem lebenslangen Dienst in Indien begann ihn zu erfüllen.

Kurz gesagt, Lesslie Newbigin wurde einer von Südindiens bekanntesten evangelikalen Missionaren. Seine Bücher über Mission und Theologie sind Klassiker geworden. Newbigin hatte einen ausgezeichneten Ruf. Als mehrere Denominationen sich zusammenschlossen, um eine Landeskirche in Südindien zu bilden, war er einer der wenigen Missionare, die zu Bischöfen gewählt wurden.

Lassen Sie uns persönlich werden. Haben Sie einen Traum? Haben Sie jemals einen gehabt? Vielleicht sollten wir fragen, ob Sie den Traum noch haben, den Sie einmal hatten – diese hohe und heilige Vision für Ihr Leben? Ein göttliches Bild davon, wie Gott Sie haben möchte, das Sie dem Ziel entgegentreibt? Das Sie, genauso wie die Athleten, zwingt, ihm alles zu opfern? Ein Traum wie dieser ist eine Art geheiligte Vorstellung, die uns einen inneren Videofilm über all das zeigt, was wir sein können.

Richard Baxter, ein großer puritanischer Geistlicher, konnte gut mit Worten umgehen. Er nahm zwei gewöhnliche Worte, *Imagination und Ingenieur*, und sagte, daß jeder Christ ein „*Imaginieur*" für Gott sein sollte. Ein solcher Traum gibt uns die innere Kraft, die uns vorantreibt. Paulus beschreibt das so: „Ich jage ihm aber nach, ob ich's wohl ergreifen könnte, weil ich von Christus Jesus ergriffen bin ... und jage nach dem vorgesteckten Ziel, dem Siegespreis der himmlischen Berufung Gottes in Christus Jesus" (Phil. 3,12-14). Paulus hatte diesen großen Traum nicht während er schlief, sondern als er hellwach war. Er war von einem Traum erfüllt – dem schrecklichen, mörderischen Traum, die Christen in

Damaskus aufzustöbern und ins Gefängnis zu bringen. Bevor er aber sein Ziel erreichte, erschien ihm Jesus Christus und schenkte ihm einen neuen Traum (Apg. 9,11-18; 26,12-18). Paulus bezeichnete es als Vision und sagte, daß er „der himmlischen Erscheinung nicht ungehorsam" war (Apg. 26,19). Sie wurde die Richtlinie für sein Leben. Im wahrsten Sinn des Wortes ließ er niemals von dem Traum ab, trotz böser Geister und tiefer Gewässer (Apg. 19,13-20; 27,27-44). „Ich vermag alles durch den, der mich mächtig macht" (Phil. 4,13).

In seinem Gleichnis von den Talenten (Matth. 25,14-28) lobte Jesus nicht den ängstlichen Mann, der niemals genug Vorstellungskraft oder Vertrauen besessen hatte, wenigstens sein einziges Talent zu nützen. Aber Jesus lobte diejenigen, die genug heilige Vorstellungskraft und Selbstsicherheit besaßen, um sie zu benutzen. Er belohnte sie, indem er die Talente vermehrte, die sie gehabt hatten.

Ich habe immer eine Geschichte geschätzt, die man sich über den Präsidenten Teddy Roosevelt erzählte, der ja eine beachtliche Selbstsicherheit besaß. Sie wissen wahrscheinlich nicht, daß er ein sehr guter Sänger war. Er hatte eine tiefe, volle Stimme und liebte es, sie auch einzusetzen. Eines Tages erzählte er Freunden, wie sehr er sich auf den Himmel freue, weil er erwarte, dort einen großen Chor vorzufinden: „Warum? Ich kann es mir so richtig gut vorstellen. 10.000 Soprane", er zählte einige große Soprane seiner Zeit auf. „Und 10.000 Altisten und 10.000 Tenöre", und nannte einige der berühmtesten. „Es wird gewaltig sein." „Aber Herr Präsident", fragte jemand, „was ist mit den Bassisten?" „Oh", sagte er lachend, „ich werde Baß singen!"

Träume entwickeln sich

Gott möchte uns einen Traum, eine Vision, ein hohes und heiliges Bild seiner Absichten für unser Leben geben, genauso wie er es für Joseph tat. Wenn wir jetzt Josephs Leben genau betrachten, werden wir zuerst einige Faktoren berücksichtigen, die als Bausteine dieser Träume wirkten. Später sehen wir dann, wie und warum diese Träume in Schwierigkeiten gerieten.

Ich habe schon erwähnt, daß im ersten Buch Mose die Kapitelfolge hin und herspringt, und interessante Vorgänge in der Geschichte gespickt sind mit Teilen, die entsetzlich langweilig beginnen: „Dies ist das Geschlecht Esaus" (1. Mose 36,1); oder „Und dies ist die Geschichte von Jakobs Geschlecht" (1. Mose 37,2). Es gibt auch bei Jakob und seiner

Familie viel buchstäbliches Hin und Her. Seine Söhne, Simeon und Levi, plünderten und mordeten, um die Schändung ihrer Schwester Dina zu rächen, so daß Jakob aus Sichem wegziehen mußte. Für kurze Zeit gingen sie zurück nach Beth-El. Später, bei der Geburt seines jüngeren Bruders Benjamin, starb Josephs Mutter, Rahel (35,16-20). Wieder zogen sie weiter, zum Teil wegen Ruben, der mit einer der Nebenfrauen Jakobs schlief und einen Skandal verursachte (35,21.22). Zuletzt ließen sie sich in Hebron im Land Kanaan nieder, in der Nähe von Jakobs Vater Isaak. Obwohl in 1. Mose 35,28-29 Isaaks Tod und Begräbnis geschildert werden, geschah dies erst viele Jahre später.

Wenn wir das alles jetzt auf der Basis der in 1. Mose angegebenen Jahre und Zeiten aneinanderfügen, sind sich die meisten Bibelforscher in etwa über folgende Chronologie einig: Jakob war 97 Jahre alt, als er nach Hause zurückkehrte, und Isaak 157. Zu dieser Zeit war Joseph ein siebenjähriger Junge. Zu Beginn unserer Geschichte war er ein Jugendlicher von 17 Jahren. Jakob war 108 und Isaak 168. Wenn Isaak also 180jährig starb, mußte er noch 12 Jahre, nachdem Joseph von seinen Brüdern in die Sklaverei nach Ägypten verkauft worden war, in Hebron gelebt haben. Das bedeutet, daß Joseph seine Mutter im Alter von 12 Jahren verlor und danach mindestens fünf Jahre lang in der Nachbarschaft seines Großvaters lebte.

Warum diese Details? Ich glaube, daß der Großvater Isaak eine wichtige Rolle in der geistlichen Entwicklung Josephs spielte. In meiner Erfahrung als Seelsorger habe ich sehr oft erlebt, daß Großeltern alles für ein Enkelkind taten, ihm Liebe und besondere Aufmerksamkeit schenkten, wenn es ein Elternteil verloren hatte. Es war also nur natürlich für Isaak, den mutterlosen Teenager unter seine Fittiche und in sein Herz zu nehmen, da dieser Jakobs Lieblingssohn und anerkannter Erbe des Geburtsrechts war. Es mag als Tröstung eines jungen Mannes, der seine Mutter verloren hatte, begonnen haben, aber Gott beabsichtigte damit etwas viel Tieferes. Es ist nicht schwer, sich Joseph vorzustellen, wie er Isaak zu Füßen sitzt und den wunderbaren Geschichten dieses blinden, alten Mannes zuhört. Ich bin mir sicher, daß er auch eine Lieblingsgeschichte hatte.

„Opa, erzähl mir die noch einmal."
„Aber Kind, die hab' ich dir schon so oft erzählt."
„Ich weiß, aber ich möchte sie so gern noch einmal hören, bitte!"
Und so würde Isaak die Geschichte von der unglaublichen Dreitagesreise mit seinem Vater Abraham wieder einmal erzählen. Er würde die Details ihres Aufstiegs auf den Berg Morija und die dann folgenden dra-

matischen Momente ausmalen – er erhob die rechte Hand, als ob er in ihr ein Messer oder ein Opfer hielt, führte sie flink an sein eigenes Herz, aber in letzter Sekunde wurde das Handgelenk von der anderen Hand gepackt, genauso wie der Engel Abrahams Hand gestoppt hatte (1. Mose 22). Und ich glaube, daß Gott dadurch Joseph sein Erbe des Bundes zeigen wollte – das wunderbare Gefühl, woher er kam, wer er wirklich war und wie Gott ihn haben wollte. Ein tiefer Identitätssinn entwickelte sich in ihm. Es war der Beginn seiner edlen Ahnungen, der Vision, die sein Leben gestalten würde. Ich glaube, daß weise und göttliche Einflüsse ihn für seine Träume vorbereiteten.

Aber unweise und ungöttliche Umstände spielten auch eine Rolle dabei, daß diese Träume bald zunichte gemacht wurden. Dies begann damit, daß Jakob sich gedankenlos verhielt, als er seinen Sohn Joseph bevorzugte. Elterliche Sünden wiederholen sich gewöhnlich bei den Kindern – wir nennen sie Generationssünden. Man hätte erwartet, daß Jakobs Erinnerungen an das Chaos, das durch die Sünden der Vetternwirtschaft seiner Eltern geschaffen wurde, ihn stutzig machen würden. Es hatte ihre Ehe gestört, seine Mutter zu Betrug und Verrat gebracht und zu einer langwährenden und fast tödlichen Feindschaft zwischen Jakob und seinem Bruder Esau geführt (1. Mose 25 und 32).

Aber Jakob hatte offensichtlich nichts aus den Sünden seiner eigenen Familie gelernt. Er wiederholte sie sogar, indem er Joseph offen seine besondere Liebe und Bevorzugung zeigte. Er war so dumm, ihn zum Aufpasser über seine älteren Halbbrüder zu machen. Bald darauf brachte Joseph schlechte Nachrichten über ihre Arbeit. Außerdem wird erzählt, daß Jakob „Joseph lieber als alle seine Söhne hatte, weil er der Sohn seines Alters war, und machte ihm einen bunten Rock" (1. Mose 37,3). Dies fügte zur Verletzung auch noch die Beleidigung hinzu, da dieses bestimmte Kleid damals nicht nur ein Zeichen der Bevorzugung war, sondern auch zeigte, wer das Erbe des Vaters antreten würde. Kein Wunder also: „Als nun seine Brüder sahen, daß ihn ihr Vater lieber hatte als alle seine Brüder, wurden sie ihm feind und konnten ihm kein freundliches Wort sagen" (1. Mose 37,4). Vergessen Sie nicht: all das fand vor den Träumen statt. Lange bevor Joseph seinen Brüdern von seinen Träumen erzählte, hatte Jakob ihn gedankenlos zum Objekt ihres Neides und Hasses „gemacht".

Ja, Generationssünden scheinen sich auf erstaunliche Weise zu wiederholen. Ich erinnere mich an das Lied „Wird der Kreis ungebrochen sein?", das manchmal, als ich jung war, an Beerdigungen gesungen wurde. Jetzt kommt mir in meiner Familienseelsorge oft die entgegengesetzte Frage: „Wird der Kreis jemals gebrochen werden können?" Gemeint ist der Teufelskreis der Familiensünde, der sich so oft in den nachfolgenden Generationen zu wiederholen scheint.

Dies können wir lebhaft zu einem viel späteren Zeitpunkt in der Josephserzählung sehen. In 1. Mose 48 findet sich eine detaillierte Beschreibung davon, wie Joseph seine beiden Söhne Manasse und Efraim zu dem alternden Jakob bringt, um sie segnen zu lassen. Als sie vor Jakob knien, hat Joseph seinen älteren Sohn Manasse absichtlich so plaziert, daß dieser den größeren Segen durch Handauflegung bekommen würde. Aber Jakob kreuzt seine Arme, trotz des Protestes von Joseph, und verdreht den Segen so, daß er auf Efraim, den jüngeren Sohn fällt (1. Mose 48,12-20). So wiederholt er, was er und seine schlaue, ihn abgöttisch liebende Mutter eine Generation zuvor getan hatten, um Isaak auszutricksen.

Die Bibel hat immer gezeigt, daß Generationssünden hartnäckig sind und schwer zu brechen. In den letzten Jahren sind die Verhaltenswissenschaften mit der Heiligen Schrift auf den gleichen Stand gerückt. Sie betonen die *funktionsgestörten* Familien. Die Forschung lenkt unsere Aufmerksamkeit auf die destruktiven Folgen für Kinder solcher Familien. So werden zum Beispiel Kinder von Alkoholikern zu einem Großteil selbst alkoholabhängig oder heiraten Alkoholiker. Eine große Anzahl von Menschen, die sich von einem Alkoholiker scheiden lassen, heiraten wieder einen. Kinder, die mißhandelt wurden, mißhandeln später oft selbst. Dies ist der Grund, warum so viele Hilfsgruppen gegründet werden, um aus diesem Teufelskreis herauszukommen.

In meinen früheren Büchern habe ich die Heilung und Neuprogrammierung behandelt, die nötig ist, um aus solchen Generationssünden auszubrechen. Hier möchte ich einfach die schonungslose moralische Ehrlichkeit betonen, die unmöglich ist, um mit der sündigen Kraft solcher zerstörerischen und zwanghaften Offensiven aus der Vergangenheit fertig zu werden — trotz der Schmerzen, die das für den Betroffenen bringen wird. Sie verschwinden nicht einfach dadurch, daß wir sie ignorieren oder die Zeit verstreichen lassen. Des weiteren sind sie nicht automatisch durch das Wunder der Bekehrung oder eine tiefe Erfahrung des Heiligen Geistes aufgehoben. Es waren viele Jahre zwischen Jakobs Begegnung mit Gott von Angesicht zu Angesicht bei Pniel und Beth-El vergangen. Ihm war ein neuer Name gegeben worden, Israel, und ein neues Wesen, das sicherlich in mancher Hinsicht seinen Geist veränderte. Aber viele destruktive „Familienmerkmale" waren geblieben.

Nachdem ich seit vielen Jahren mit Christen zu tun habe, bin ich überzeugt davon, daß solche Probleme oft eine ganz besondere emotionale und geistige Heilung benötigen, um sich durch eine Erneuerung des Geistes umformen zu lassen. Leider suchen zu viele Christen nach einer Radikalkur. Sie wollen den Preis für die Neuprogrammierung nicht zahlen, der nötig ist, um ihr Denken und Verhalten wirklich zu verändern.

Zerbrochene Träume

Es ist tragisch, daß die Generationssünden unseren von Gott gegebenen Träumen schaden oder sie zerstören können. Das trifft ganz besonders für unsere Eheträume zu.

Ziemlich unschlüssig rief Jim an, um einen Termin für „eine Art Eheberatung für Claire und mich" auszumachen. Ich war bei ihrer Hochzeit etliche Jahre zuvor dabeigewesen und erinnerte mich lebhaft daran. Jetzt saßen sie zusammen vor mir auf dem Sofa. Claire war offensichtlich verlegen und legte sich ein Taschentuch zurecht, bevor wir anfingen. Sie ließ Jim beginnen. Er erzählte mir zuerst all die guten Dinge, um sicherzugehen, daß ich keinen falschen Eindruck bekäme. „Ich liebe Claire. Sie ist eine wunderbare Frau – und dazu noch eine überzeugte Christin. Sie beschämt mich durch ihr Glaubensleben und ihren Einsatz in der Gemeinde. Sie ist eine liebevolle Ehefrau; unser Liebesleben (immer, wenn wir es haben) könnte nicht besser sein." Und so weiter und so fort.

Ich habe gelernt, diesen Schilderungen kommentarlos zuzuhören. Sie sind nämlich gewöhnlich die Hinführung zum Problem. Schließlich wurde die Disharmonie geäußert – Claires scheinbar unkontrollierbare Wutanfälle, die wie ein plötzlicher Sturm hereinzubrechen schienen und Verwüstung hinterließen. Sie brachen nicht nur verbal herein, sondern auch physisch.

Zum ersten Mal war es kurze Zeit nach ihren Flitterwochen geschehen. Es war für beide ein schrecklicher Schock gewesen; sie weinten und beteten gemeinsam darüber. Aber die Vorfälle gingen weiter, nicht oft, aber oft genug, um Schatten auf ihre Eheträume zu werfen. Jetzt erwarteten sie ein Kind und hatten beide Angst, daß ihm etwas passieren könnte. Claire mußte der Wahrheit über ihre Familie ins Gesicht sehen, in der es Beschimpfungen und gelegentlich auch Gewaltanwendung gegeben hatte – besonders von Seiten ihrer Mutter.

Es war erstaunlich, daß es während ihrer relativ langen Bekanntschaft keinerlei Andeutung des Problems gegeben hatte. Auf einem Seminar für verlobte Paare jedoch hatten sie bei der Taylor Johnson Wesensanalyse

(TJWA) mitgemacht. Alles schien normal zu sein, allerdings wurde bei Claire eine sehr hohe Feindseligkeit festgestellt. Als sie darüber sprachen, erzählte sie Jim von dem Familienproblem, sagte ihm aber, daß sie es zu sehr verabscheue, um irgendwann auch einmal so zu werden! Das ist wahrscheinlich das Trügerische bei solchen Problemen. Nur weil wir von klein auf diese Familiencharakteristika haßten und uns sagten: „Wir werden niemals so sein!", sind wir die Probleme noch nicht los. Und so verneinen und verdrängen wir sie. Oft sinken sie aber tiefer in unsere Persönlichkeit ein und heften sich an unsere unausgedrückten Frustrationen und unseren Zorn. Ohne daß wir es merken, werden sie zum Teil unserer Aktionen und Reaktionen. Wenn wir dann eines Tages versuchen, eine enge Beziehung einzugehen, brechen sie mit der Kraft eines Vulkans aus uns heraus und zerstören unsere Träume mit der kochenden Lava.

Auch wenn Ihr Problem ganz anders gelagert ist, haben Sie sich vielleicht mit Jim und Claire identifiziert. Ich möchte Ihnen sagen, was ich den beiden mitteilte, nachdem ich ihnen meine Bereitschaft, bei dem vielleicht langwierigen Heilungsprozeß mitzuarbeiten, zugesichert hatte. „Sie müssen sich den Schmerz aussuchen. In mancherlei Hinsicht ist es vielleicht einfacher, so weiterzuhumpeln wie bisher und den jetzigen Schmerz weiter zu ertragen. Sie kennen ihn zumindest, und er ist in diesem Sinn bequem. Oder Sie können einen anderen Schmerz wählen – den Schmerz, sich mit der Wahrheit über sich selbst und Ihre Familie zu konfrontieren. Den Schmerz, die Fehler nicht zu entschuldigen oder jemand anderen zu beschuldigen. Den Schmerz, niemals wieder zu sagen ‚Wenn nur' oder ‚Ich kann nichts dafür, es liegt in der Familie' oder ‚Ich bin halt so'. Den Schmerz, neue und konstruktive Wege zu lernen, um mit Enttäuschung und Frustration umzugehen. Den Schmerz, zu lernen, wie man ‚die Wahrheit in Liebe' spricht. Sie leiden jetzt; eine Zeitlang werden Sie erneut leiden, aber es wird ein produktives Leiden sein, wie das einer Operation und Genesung, das zur Heilung führt. Ja, Sie müssen sich Ihr Leid aussuchen."

Durch die Gnade Gottes wählten sie die richtige Art des Leides, so daß Heilung, Freude und harmonische Liebe eine immer größere Rolle in ihrer Ehe spielten. Es war nicht perfekt, aber gut genug, um Stabilität zu gewährleisten, selbst als sie ihr Kind hatten.

Ähnliche Geschichten habe ich viele Male gehört. In ihnen kann alles von Wut, Beschimpfung, Lust und Gewalt bis zu zwanghaften und süchtigen Verhaltensformen enthalten sein. Es gibt für solche Generationsprobleme keine emotionalen oder geistlichen Abkürzungen. Diejenigen, die in diesen Problemen stecken, benötigen viel Ehrlichkeit, Mut und innere Entschlossenheit, um aus der Verwicklung von eigenen Sünden mit denen anderer herauszukommen. Sie brauchen oft die Hilfe eines Pastors, eines Seelsorgers oder einer Gruppe, die ihnen Unterstützung und Fürbittengebete geben, um eine echte Änderung zu erreichen. Sie müssen die persönliche Verantwortung und die harte Arbeit, die dazu gehört, stets akzeptieren.

Nur die heilende und verändernde Kraft des Heiligen Geistes kann uns wirklich aus den Ketten befreien, die uns an die Alpträume der Vergangenheit binden. Wenn wir auf unsere eigene Kraft bauen, gehen wir die Straße der zerbrochenen Träume. So war die Lage Josephs, weil Jakob es nicht geschafft hatte, mit den Familiensünden zu brechen.

Unreife Träume

Aber noch ein Faktor – Josephs Träume – spielte mit, um das Desaster ins Rollen zu bringen. Lassen Sie uns die Details der Geschichte aus 1. Mose 37,5-11 ins Gedächtnis rufen. „Siehe, wir banden Garben auf dem Felde, und meine Garbe richtete sich auf und stand, aber eure Garben stellten sich ringsumher und neigten sich vor meiner Garbe." Als Joseph seinen Brüdern davon erzählte, wurden sie wütend, weil die Bedeutung so offensichtlich war. „Da sprachen seine Brüder zu ihm: Willst du unser König werden und über uns herrschen?" Kein Wunder, daß es weiter heißt: „Und sie wurden ihm noch mehr feind um seines Traumes und seiner Worte willen."

Aber das Schlimmste kommt noch. Etwas später hatte er einen neuen Traum, den er wiederum sofort seinen Brüdern erzählte: „Die Sonne und der Mond und elf Sterne neigten sich vor mir." Die elf Sterne bezogen sich so deutlich auf seine elf Brüder, daß selbst der Vater schockiert war und mit ihm schimpfte: „Was ist das für ein Traum, den du geträumt hast? Soll ich und deine Mutter und deine Brüder kommen und vor dir niederfallen?" Wiederum kommt die Anmerkung nicht überraschend: „Und seine Brüder wurden neidisch auf ihn. Aber sein Vater behielt diese Worte."

Wenn Jakobs offene Bevorzugung nicht schon die Atmosphäre vergiftet und die Brüder mit Neid und Haß erfüllt hätte, hätten sie vielleicht ganz anders auf Josephs Träume reagiert. Schließlich waren sie viel älter als ihr kleiner Bruder und hätten über solche sonderbaren Träume lachen und sie als Hirngespinste abtun können. Aber sie waren so ängstlich, daß sie alles als eine Verschwörung gegen sich auslegten. So haßten sie Joseph um so mehr, weil er ihnen von diesem Traum erzählt hatte. Von Joseph war es äußerst unklug und unreif, den Menschen, die er als seine Untergebenen ansah, von seinem Traum zu berichten.

Dies ist eine gute Lektion für uns. Gott kann sicherlich auch in uns Träume hineinlegen, ob wir nun wach sind oder schlafen. Er hatte dies für Joseph getan. Aber diese Träume mußten in der Stille getestet und mit der Zeit gemäßigt werden. So wie Joseph die Träume beschrieb, hatten seine Brüder den Eindruck, daß er von ihnen Verneigungen und Gehorsam erwartete. Natürlich machte sie das zornig. Warum war Joseph so in Eile?

Offensichtlich mußte er noch warten, bis sich die Träume erfüllen würden. So hätte auch er warten sollen, bevor er sie so offen verkündete.

Wir müssen alle lernen, daß es einen wichtigen Zeitfaktor für unsere Träume und Visionen gibt. Selbst wenn wir sicher sind, daß sie von Gott sind, müssen wir über Gottes Zeitplan Klarheit haben. Beides, Träume wie Zeitplan, müssen von Gott kommen. Deshalb muß die Vision, die Gott uns für unser Leben gibt, erst in Dunkelheit ruhen und oft durch einen Umweg verzögert werden. Als gefallene Geschöpfe sind wir oft zu stolz, drehen uns nur um uns selbst und sind auch noch in Eile. In Jesaja 28,16 heißt es auch: „Wer glaubt, der flieht nicht."

Eines Tages kam ein Gemeindeglied in das Büro des Predigers Joseph Parker und sah, wie er dort hin- und herrannte, seine Arme hinter dem Rücken verschränkt. „Was ist los, Dr. Parker?" fragte er. Worauf der Prediger antwortete: „Das Problem ist, daß ich in Eile bin, Gott aber nicht."

Noch einen Aspekt von Josephs Träumen mußte Gott erheblich ändern und vertiefen. Joseph brauchte viel mehr als die Belohnungen, die in diesen ersten Träumen widergespiegelt wurden. Er mußte eine gewisse Stellung, Status und Autorität erreichen, damit sich seine Brüder und Familienmitglieder vor ihm verbeugen würden. Gott wollte seine Träume vertiefen, so daß sie nicht nur Leistungen, sondern auch Beziehungen umfaßten. Wir sehen dies deutlich in den späteren Kapiteln seines Lebens, als seine Träume sprichwörtlich erfüllt wurden, und die „elf Sterne" sich vor ihm beugten. Zu diesem Zeitpunkt brauchte er sie nicht nur als Untertanen und Diener, sondern als Brüder und Familie.

Wenn mir junge Christen von ihren Träumen berichten, sagen sie oft so etwas wie: „Ich möchte große Dinge für Gott tun." Sie möchten nicht „gewöhnlich" oder „noch einer mehr" sein, was auch immer das heißt. Ich weiß den Geist, der dahinter steht, zu schätzen, aber spüre auch die Gefahr. Sie sehen sich selbst zumeist in bezug auf Fertigkeiten und Leistungen – dem *Tun* im Wege. Gott hingegen möchte die Träume so verfeinern, daß sie gleichermaßen auch *Sein* enthalten, was durch Beziehungen — mit Gott und anderen Menschen — geschieht. Jesus sagte seinen Jüngern: „Ich sage hinfort nicht, daß ihr Knechte seid ... (sondern) daß ihr Freunde seid" (Joh. 15,15). Absicht und Inhalt von Josephs Träumen mußten reifen und vertieft werden, was nur die Zeit bringen konnte.

Ich möchte denjenigen unter Ihnen, die jung an Jahren oder Glauben sind, etwas schildern, was zu den schmerzvollsten Erfahrungen meines Älterwerdens gehört. Wenn ich auf die vielen Dinge zurücksehe, die ich einst für die wichtigsten in meinem Dienst für Gott hielt, dann bin ich schockiert, wenn der Heilige Geist mir jetzt zeigt, wie zwiespältig meine Gefühle waren. Damals war darin viel mehr von meinem „Ego" enthalten, als mir bewußt war. Viel mehr der Wunsch nach raschen Erfolgen, als nach guten Beziehungen. Immer wieder schliff Gott an meinen Motiven, indem ich einige schmerzhafte Erfahrungen machen mußte. Ist das nicht das, was er uns durch sein Wort sagen möchte?

> „Meine lieben Brüder, erachtet es für lauter Freude, wenn ihr in mancherlei Anfechtungen fallt, und wißt, daß euer Glaube, wenn er bewährt ist, Geduld wirkt. Die Geduld aber soll ihr Werk tun bis ans Ende, damit ihr vollkommen und unversehrt seid und kein Mangel an Euch sei" (Jak. 1,2-4).

Josephs Träume benötigten Zeit und Reife. Sie mußten verfeinert, geschliffen und poliert werden. Gott pfuschte nicht an den Träumen herum, aber er mäßigte den Träumer. Er beseitigte nicht die Träume, aber er verfeinerte Traum und Träumer. Und genauso wie Gott in den Träumen war, so war er auch im Prozeß des Verfeinerns bei Joseph. Das ist die Wahrheit, die wir nie vergessen dürfen. Es ist gut, daß Joseph dies nie vergaß, denn seine Träume wären beinahe in der Zisterne bei Dotan versickert.

Kapitel 3

Zerstörer des Traumes

Don Wildmon war Pastor einer Methodistenkirche in einer kleinen Stadt in Mississippi. Hingebungsvoll und gottesfürchtig diente er seiner Gemeinde. In einer kalten Dezembernacht 1976 saß er mit seiner Frau und seinen vier Kindern zusammen, um gemütlich etwas fernzusehen. Er hatte sich auf einen unterhaltsamen Abend mit der ganzen Familie gefreut. Statt dessen mußte er schockiert feststellen, daß die drei größten Fernsehanstalten nur Programme anboten, die Sex, Profanität und Gewalt zeigten. Das machte ihn sehr besorgt. Er fing an, darüber zu predigen. Aber er tat noch mehr. Er forderte seine Gemeinde zum freiwilligen „Entzug" auf, zur „Laß den Fernseher aus"-Woche. Vor dieser Aktion wurde eine Informationskampagne gestartet, die sich an alle Zeitungen, Fernseh- und Radiostationen in der Umgebung richtete. Zu seiner großen Überraschung wurde die Sache von der größten Nachrichtenagentur aufgegriffen, und innerhalb weniger Tage bekam er Tausende von Anrufen und Briefen aus ganz Amerika. Da legte Gott in Don Wildmon den Traum, seine Pfarrstelle aufzugeben und seine ganze Kraft in die Gründung und Leitung einer Organisation zu legen, die Mißstände und Fehlentwicklungen im Bereich der Medien aufdecken sollte.

Für einen unbekannten Mann, der eine Familie zu versorgen hat und sich mit Fernsehsendern anlegt, ist das ein ganz schön gewagter Traum — ein verrückter Traum. Aber er hatte Erfolg: 1988 mußten die Fernsehsender auf die Ausstrahlung einiger Sendungen verzichten, und die Universal-Studios verloren Millionen Dollar an dem Film „Die letzte Versuchung Christi". Da erkannten viele Menschen, daß dies ein gottgegebener, hoher und heiliger Traum war.

Solange Don Wildmon in einer kleinen Pfarrei diente, war es den meisten Leuten egal, was er träumte oder in Visionen sah. Als ihn aber *das Ausleben seiner Träume in feindliches Gebiet brachte, schien die Hölle über ihn hereinzubrechen.* Eine gefallene und sündige Welt haßt jeden Traum oder Träumer, der sich ihren schlechten Wegen entgegenstellt. Und sie wird alles tun, um Traum und Träumer zu zerstören.

So geschah es auch im Leben von Joseph. Eines Tages schickte ihn der Vater nach Sichem, wo seine Brüder die Schafe weideten. „Geh hin und sieh, ob's gut steht um deine Brüder und um das Vieh, und sage mir dann, wie sich's verhält" (1. Mose 37,14). Sichem, das sich in einem sehr fruchtbaren Tal befindet, war eine gute Zweitagesreise nördlich von Hebron gelegen. Dort hatte auch das blutige Zusammentreffen zwischen den Sichemern und den Söhnen Jakobs wegen der Schändung ihrer Schwester Dina stattgefunden. Jakob hatte recht, sich über ein eventuelles Auflodern des Streites Gedanken zu machen. Deshalb schickte er Joseph, um zu sehen, ob es den Brüdern gut ging.

Als Joseph ankam, sagte man ihm, sie seien nach Dotan gezogen; so mußte er noch einmal 21 Kilometer gehen, um sie zu finden. Weil es flaches Weideland war, und Joseph sein buntes Gewand trug, sahen ihn die Brüder von weitem. „Seht, der Träumer kommt daher!" sagten sie und schmiedeten sofort Pläne, um ihn zu töten, seinen Körper in die Zisterne zu werfen und dann allen von einem wilden Tier zu erzählen, daß ihn angefallen hätte. „So wird man sehen, was aus seinen Träumen wird" (37,20). Sie stimmten 10 zu 1, was zeigt, wie sehr sie ihn haßten. Ruben bat sie, kein Blut zu vergießen – schließlich war er ihr Halbbruder –, sondern ihn in die Zisterne zu werfen. Ruben hatte vor, ihn dann später zu retten und zurück zum Vater zu bringen (37,21).

Die Brüder stimmten diesem Plan zu, da sie nichts von Rubens Absichten ahnten und Josef auf diese Weise los sein würden, ohne ihn töten zu müssen. Die Schilderung klingt genauso gefühllos wie ein Polizeibericht. „Als nun Josef zu seinen Brüdern kam, zogen sie ihm seinen Rock aus, den bunten Rock, den er anhatte, und nahmen ihn und warfen ihn in die Grube; aber die Grube war leer und kein Wasser darin. Und sie setzten sich nieder, um zu essen" (37,23-25).

Die Zisterne war von Hirten gegraben worden, um Wasser während der Regenzeit aufzufangen, damit sie später genug zur Verfügung hatten, um ihre Herden zu tränken. Die Zisterne hatte die Form einer Flasche oder Vase mit einer schmalen Öffnung, die ein flacher Stein abdecken konnte; sie verbreiterte sich zu einem großen unterirdischen Raum. Es war schrecklich, in einen dieser unterirdischen Tanks geworfen zu werden, denn ohne Hilfe von oben konnte man nicht mehr herauskommen. Man kann sich vorstellen, was für ein schreckliches Erlebnis das für Joseph gewesen sein muß. Jahre später, als die Brüder die Schuld an dieser niederträchtigen Tat zugaben, sagten sie: „Das haben wir an unserem Bruder verschuldet! Denn wir sahen die Angst seiner Seele, als er uns anflehte, und wir wollten ihn nicht erhören" (42,21). Man kann fast die qualvollen Schreie Josephs hören, die durch die kellerartige Todeskammer hallten. Solch herzlose Grausamkeit ist fast unvorstellbar, denn während er bat und bettelte, saßen seine Brüder beim Essen. Viele hundert Jahre später, als Amos die Hartherzigkeit der gleichgültigen Generation beschreiben wollte, schrieb er: „Weh den Sorglosen ... und trinkt Wein aus Schalen und salbt euch mit dem besten Öl, aber bekümmert euch nicht um den Schaden Josephs" (Amos 6,1.6).

Es gibt kaum eine Illustration, die besser aufzeigt, wie sehr die Welt die Träume des Volkes Gottes haßt! Die Lutherbibel übersetzt *Zisterne* mit *Grube*. Ich möchte Sie daran erinnern, daß Satan mit allen seinen Helfern bereitsteht, um uns mitsamt unseren göttlichen Eingebungen in die Grube zu werfen. Auf dem Weg zum Ziel gibt es viele Gruben und Fallen. In seinem großartigen Lied „Bin ich ein Soldat des Kreuzes?" bringt Isaak Watts diese Wahrheit durch eine Reihe von Fragen kraftvoll zur Geltung.

> Bin ich ein Soldat des Kreuzes,
> ein Jünger des Lamms,
> und sollte ich mich fürchten,
> seine Ziele meine eigenen zu nennen,
> oder erröten, wenn ich seinen Namen nenne?
>
> Gibt es keine Feinde,
> denen ich gegenübertreten muß?
> Muß ich nicht die Flut eindämmen?
> *Ist diese gemeine Welt ein Freund der Gnade,*
> *um mich näher zu Gott zu bringen?*

Jeder weiß die Antwort auf die letzte Frage. Diese gemeine Welt ist kein Freund der Gnade und hilft uns nicht auf dem Weg zu Gott. Sie lehnt eher jeden ab, der ein hohes und heiliges Ziel hat, und wird alles in ihrer Macht stehende tun, ihn davon abzubringen.

Wo war Josephs Traum jetzt? Er schien in der Zisterne bei Dotan versickert zu sein. Es sah so aus, als ob der Traum zu Ende war, bevor er eigentlich begonnen hatte. Und alles geschah so schnell. Die meisten von uns haben ähnliche Erfahrungen gemacht. Wir beginnen mit einer glänzenden Idee, von der wir glauben, daß sie von Gott kommt, und innerhalb kurzer Zeit setzt etwas oder jemand der Sache einen Dämpfer auf oder läßt sie — oder uns — in die Grube fallen. Vom hellen Sonnenschein unserer Träume und Visionen werden wir scheinbar plötzlich in ein dunkles Verließ geworfen.

Unser persönliches Dotan

Kurz nach meiner Bekehrung als Teenager fühlte ich mich dazu berufen, als Missionar nach Indien zu gehen, wo ich aufgewachsen war. Im Gegensatz zu der visionsartigen Berufung meines Vaters geschah es bei mir langsamer. Die innere Überzeugung und das Gefühl, Gottes Willen zu folgen, wurden immer stärker, bis sie mich ganz erfüllten. Während des Studiums nahmen meine Träume Gestalt an. Es war eine von Gott gegebene Vision, von der ich nie abwich. Sie brachte Frieden und Gewißheit in mein Leben. Während meiner Zeit im Asbury College führte Gott Helen und mich zusammen. Wir hatten viel gemeinsam: Wir waren die Jüngsten in unserer Klasse, hatten den gleichen gemeindlichen Hintergrund und auch denselben verrückten Sinn für Humor. Am besten war jedoch, daß Gott auch in Helen Pläne in Richtung Mission gelegt hatte. Jeder freute sich mit uns, als wir nach einer ziemlich langen Freundschaft heirateten. Beide Elternpaare hatten darauf bestanden, daß wir erst das Collegestudium beendeten. Wir machten den Abschluß um zwölf Uhr mittags und heirateten um vier Uhr am Nachmittag!

Nachdem wir unsere theologische Ausbildung und sonstige Weiterbildung beendet hatten, zogen Helen und ich mit unserer einjährigen Tochter, Sharon, nach Indien. Wir kamen an genau die Stelle, für die wir uns vorbereitet hatten. Es war aufregend — endlich würden sich unsere langgehegten Träume erfüllen! Aber meine Ausdauer ließ nach, und ich verlor langsam immer mehr an Gewicht, was ich mir mit meinen 60 Kilo nicht leisten konnte. Es stellte sich heraus, daß ich mir kurz nach unserer Ankunft eine Amöbenruhr zugezogen hatte. Die nächsten Monate waren ein ständiger Kampf, kräftig genug zu bleiben, um mein Sprach-Studium fortzuführen und in den Dörfern ein bißchen zu evangelisieren.

Unser erster Sohn, David Junior, wurde im Mai 1947 geboren. Zu der Zeit ging es mir gesundheitlich besser; ich hatte die erste Sprachprüfung in Kanaresisch bestanden und sogar eine Predigt darin gehalten. Als der kleine David neun Monate alt war, erzählte mir Helen eines Morgens von einem schrecklichen Traum, den sie gehabt hatte. Sie hatte geträumt, daß David gestorben war und wir ihn beerdigt hatten. Sie war sehr durcheinander wegen dieses Traumes. Ich versuchte, mitfühlend zu sein, doch meine Skepsis war zu offensichtlich.

Zwei Wochen später sollte ich auf eine Evangelisationstour durch die Dörfer gehen. Da sich Helen noch an den Traum erinnerte, bat sie mich darum, nicht zu gehen. In meiner Sorge um die Arbeit ignorierte ich ihre Bitte und gab meiner Vernunft den Vorzug. Als ich David zum Abschied küßte, war er ein glückliches und gesundes Baby. In der darauffolgenden Nacht erreichte mich die Nachricht des Missionsarztes, ich solle sofort nach Hause kommen, David sei schwerkrank. Der Arzt nannte es „fulminante Bazillenruhr". Fulminant kommt aus dem Lateinischen und heißt soviel wie „mit dem Blitz treffen". Durchaus ein zutreffender Name, denn am nächsten Tag beerdigten wir unseren geliebten Sohn auf dem winzigen Friedhof der Missionssiedlung in Bidar.

Leider war der Traum, der eher ein Alptraum war, wahr geworden. Sie können sicher sein, daß ich seitdem eine hohe Achtung vor Helens Intuition habe. Wir wissen jetzt, daß uns Gott auf seltsame und liebende Weise auf das Unglück vorbereiten wollte. Meine Eltern waren nur 160 km von uns entfernt stationiert, aber bis sie die Nachricht bekamen und zu uns gefahren waren, war es spät abends. Sie rannten aus dem Jeep und eilten zur Hintertreppe unseres Hauses. Ängstlich fragte meine Mutter: „Wie geht es David?" Ich antwortete: „Ich muß euch leider sagen, daß wir ihn heute morgen beerdigt haben." Sie waren fast an der Treppe. Mein Vater war einer der gottesfürchtigsten Männer, die ich kenne. Er praktizierte wirklich Gottesnähe und sprach zu allen Zeiten mit Gott, wie mit einem Freund. Vater blieb also auf der obersten Stufe stehen und schaute in den Sternenhimmel. Lange Zeit sagte er nichts. Endlich flüsterte er mit einem leichten Räuspern: „Vater, das verstehe ich nicht!" Und ging ins Haus.

Wir haben es auch nicht verstanden, ganz bestimmt nicht damals. Es schien, als ob ein großer Teil unserer Träume innerhalb kurzer Zeit in Stücke gebrochen sei. Kurz darauf kamen wir in das Riesendurcheinander des Beginns der indischen Unabhängigkeit, und ein anderer Teil unserer Träume mußte neugestaltet werden. Deshalb dauerte es eine Weile, bis wir wußten, *was Gott aus all dem machen wollte*. Aber damals, als wir in unserem Dotan ganz unten waren, verstanden wir es nicht.

Wir können sicher sein, daß Joseph, als er aus der Zisterne schrie, es auch nicht verstand. Und Sie vielleicht auch nicht. Eine Sache lernen wir recht schnell: Daß sich die hohen und heiligen Ziele nämlich nicht so einfach erreichen lassen, wie wir dachten. Die Leute reagieren nicht so darauf, wie wir hoffen. Gott läßt sie nicht so geschehen, wie wir geplant und gebetet haben. Die besten jugendlichen Träume genügen nicht, um die

Welt zu bezwingen. Wir müssen Demut und absolutes Gottvertrauen lernen, und das können wir nur durch Not und Schwierigkeiten. Es schien, als ob Joseph genug Zeit haben würde, es zu lernen. Aber warten Sie ... Josephs Geschichte ist noch nicht zu Ende. Sie fängt gerade erst an.

Gott konstruiert unsere Träume

Vor vielen Jahren, bevor es Autos gab, lebte ein Pfarrer, der, obwohl er bereits im Ruhestand war, nur allzugern predigte. So geschah es, daß er eines Sonntagmorgens für zwei Predigten eingeladen war. Er wollte beide halten und entdeckte voller Freude, daß die Gottesdienste nacheinander stattfanden. Der eine war früh um neun Uhr, der andere um elf. Um zur anderen Kirche zu kommen, mußte er allerdings die Fähre erreichen, damit er den Fluß, der die Stadt teilte, überqueren konnte.

Er berechnete es genau. Den ersten Gottesdienst hielt er etwas kürzer und eilte, so schnell er konnte, zum Fluß hinunter. Als er um die letzte Ecke ging, sah er, daß er die Fähre verpaßt hatte. Das Boot hatte gerade die Anlegestelle verlassen und war ungefähr einen Meter weit weg. Er rief den Leuten an Deck zu, nahm Anlauf – und landete sicher auf der Fähre. Er fiel in die Arme eines großen und kräftigen Mannes, der ihn festhielt, weil er ganz außer Atem war. Der Mann sah ihn an und fragte unwirsch: „Was, um Himmels willen, tun Sie? Das Boot fährt nicht ab, es legt gerade an!"

„Genauso ist es mit Joseph – sein Boot kommt gerade an!" Nur daß es bei ihm ein Schiff – ein Wüstenschiff, ein Kamel – ist. Wie Sie sehen, nimmt Gott alles in seinen Plan auf. Da ist noch mehr im Spiel als die bösen Kräfte. Gott hat nie mehr in Josephs Leben eingegriffen, als zu diesem Zeitpunkt. Oswald Chambers, ein großartiger christlicher Autor, bezeichnet Gott als „Ingenieur unserer Umstände":

> Eines der letzten Dinge, die wir lernen, ist, daß Gott unsere Verhältnisse konstruiert; wir glauben nicht, daß er es tut, aber wir sagen es. Schauen Sie nie auf die Hintergründe, sonst gehen Sie in die verkehrte Richtung. Wir begehen einen Fehler, wenn wir die Umstände als sekundär betrachten.
>
> Es ist ein Gedanke mit großer praktischer Bedeutung, daß Gott unsere Umstände für uns konstruiert, wenn wir seinen Plan in Christus akzeptieren.

Wir können dem großartigen Ingenieur bei der Arbeit in Dotan zusehen. „Und sie setzten sich nieder, um zu essen. Indessen hoben sie ihre Augen auf und sahen eine Karawane von Ismaelitern kommen von Gilead mit ihren Kamelen; sie trugen kostbares Harz, Balsam und Myrrhe und zogen hinab nach Ägypten" (1. Mose 37,25). Wenn wir dies bloß im Gedächtnis behielten: *Für jede Grube Satans hält Gott eine Karawane bereit!* Josephs Traum war unterbrochen und wurde zum Alptraum. Nun unterbricht Gott die Unterbrechung mit einer Karawane von Ismaelitern (auch als Midianiter bekannt), fremden Händlern, die mit Kamelen auf dem Weg nach Ägypten waren. Welch ein interessanter Aspekt, den der Herr in die Geschichte einbringt. Die Urenkel von Ismael und Midian, beide Söhne von Abraham (1. Mose 25,2), kommen, um Joseph, den Urenkel Abrahams, zu retten. Wie schafft Gott es nur, daß alles seinen Zielen dient?

Lassen Sie mich nun die Geschichte zu Ende erzählen. Juda — ein seltsamer Name, der sich fast wie Judas anhört — dachte sich einen noch besseren Plan aus. Warum nicht Joseph loswerden *und dabei noch etwas Geld verdienen?* Das beschließen sie einstimmig; Ruben war nicht da, um zu protestieren. So zogen sie Joseph aus der Zisterne und verkauften ihn für 20 Silberstücke an die Händler, den Durchschnittspreis für Sklaven damals (37, 26-28). Natürlich war Ruben sehr unglücklich, als er zurückkehrte und sah, daß sein geheimer Plan vereitelt worden war. Die teuflischen Elf dachten sich ein perfektes Verbrechen aus. Sie nahmen Josephs Gewand, beschmierten es mit Ziegenblut, trugen es zum Vater und sagten voll falscher Unschuld: „Diesen haben wir gefunden; sieh, ob's deines Sohnes sei oder nicht." So, wie sie die Frage stellten, „dein Sohn" und nicht „unser Bruder", verleugneten sie ihre Verwandtschaft zu Joseph und außerdem irgendeine Verantwortung für seinen Tod. Jakob war über den Tod seines Lieblingssohnes natürlich untröstlich. Er wollte sich nicht trösten lassen, was verständlich ist, wenn man bedenkt, wer seine Tröster waren (37, 29-35).

In der Zwischenzeit verkauften die Midianiter Joseph an Potiphar, einen Beamten des Pharaos und Obersten der Leibwache. Warum gerade Ägypten? Wir verstehen es nicht, aber Gott. Seit ein paar Jahrhunderten wollte Gott sein Volk Israel in Ägypten haben. Warum? War nicht Kanaan das verheißene Land? Ja, aber Kanaan war von kämpferischen Stämmen besetzt. Zu der Zeit gab es nur eine Handvoll Israeliten. So lange sie kleine Gruppen blieben, würden sie von den anderen Stämmen in Ruhe gelassen werden. Aber Gott benötigte sie in großer Anzahl, und wenn sie zu groß geworden wären, hätte dies die anderen Stämme alarmiert — Krieg wäre unvermeidbar gewesen. Gottes Plan war also, sie in ein Land zu bringen, wo sie in Frieden und Sicherheit leben und zu einer großen Nation werden konnten.

Sie mußten auch von anderen Heidenstämmen getrennt werden. Sie sollten Israel, Gottes Volk, werden, um Gottes Gesetze empfangen zu können und um Propheten, Lehrer, Sänger, Schriftsteller und zu guter letzt den Messias, den Erlöser der ganzen Welt, hervorzubringen. Wenn sie mit den Kanaanitern friedlich zusammengelebt hätten, hätten sie sich mit ihnen vermischt und wären von ihnen „aufgesogen" worden. Die Kinder Israel mußten an einen Ort gebracht werden, wo das nicht möglich war. Die Ägypter waren ein stolzes und vornehmes Volk, das keine näheren Kontakte mit Fremden einging (43,32). In Gosen würde Jakobs Familie, durch die Gunst Josephs, sicher und ruhig leben können.

Außerdem waren die Kanaaniter ein grausames, ungebildetes und barbarisches Volk. Im Gegensatz dazu hatte Ägypten eine der höchsten Zivilisationen. Die Pyramiden waren schon gebaut worden. Es gab Bibliotheken, Universitäten, Kunst und Kultur; all dies würde Teil ihres Lebens werden. Dort sollte auch Mose geboren werden, der Prinz des Palastes, der letztendlich Gottes Volk führen und die Zehn Gebote erhalten würde.

Der 17jährige schrie qualvoll, als er in die Zisterne geworfen wurde, weinte, als er in die Sklaverei kam und sah seine Träume den Bach hinunterschwimmen — er kannte diesen Hintergrund nicht. Die rauhen Wüstenbeduinen, die mit ihren Kamelen durch die Lande zogen — sie *wußten es nicht*. Und der Vater, dem das Herz gebrochen war, als er das Gewand seines Sohnes sah, und jahrelang trauerte — *er wußte es nicht*.

Aber Gott wußte es. Joseph begriff es erst ganz, als er zu seinen Brüdern Jahre später sagte: „Und nun, ihr habt mich nicht hergesandt, sondern Gott" (45,8).

Joseph hatte einen Traum. Der Traum wurde bei Dotan stark beschädigt. Was brachte Joseph durch die nächsten dreizehn Jahre des Kampfes und des Leidens? Gott ja, *Gott und sein Traum. Joseph hatte einen Traum und würde es niemals ohne einen geschafft haben. Genauso wird es auch von uns niemand ohne einen Traum schaffen.*

Kapitel 4

Verführer des Traumes

Alle warteten ungeduldig auf den Beginn des mehrteiligen Fernsehfilms. Wochenlang war in den Fernsehzeitschriften dafür Werbung gemacht worden. Artikel erschienen über den Bestseller, nach dessen Vorlage der Film gedreht worden war, über die berühmten Schauspieler, die mitspielen würden, und die genialen Regisseure und Produzenten. In Fernsehsendungen liefen Interviews mit den Schauspielern, außerdem wurden Ausschnitte der Serie gezeigt. Sonntagabend, als der erste der drei zweistündigen Teile gezeigt wurde, hatten Millionen Zuschauer die Telephone leise gestellt und warteten auf „The Amazing Saga of Joseph Jacobson" (Die erstaunliche Sage des Joseph Jacobson), eines jüdischen Immigrantenjungen, der es bis zur Spitze des Erfolgs gebracht hatte. Der Film behandelte die Geschichte von Joseph, aber in einer Nation biblischer Analphabeten bedeutete das nicht viel.

Der erste Teil zeigt, wie Joe in einer großen, unorganisierten Familie aufwächst. Es gibt viele Fälle der Bevorzugung, des Konfliktes und der geschwisterlichen Rivalität. Es gibt eine herzzerreißende Szene, in der die Mutter nach langen, schmerzhaften Wehen seinen Bruder Benji gebiert und dabei stirbt. Als Benji und sein Vater ihr den Abschiedskuß geben und weinen, greifen Millionen Amerikanerinnen nach dem Taschentuch. Danach verdichtet sich die Handlung, und das Tempo steigt. Joe, jetzt ein strahlender 17jähriger, wird von seinen neidischen Brüdern grausam mißhandelt. Sie wollen ihn töten, ändern aber in letzter Minute ihre Meinung. Statt dessen verkaufen sie ihn an eine Bande böser Männer, die ihn in Ägypten als Sklave „verhökern" wollen. Die Episode endet damit, daß der Jugendliche in Ketten auf einem Kamel sitzt und leise weint, als die Karawane dem Sonnenuntergang entgegenzieht.

Nach der Werbung werden dann Szenen aus der kommenden Folge gezeigt. In einer ist eine leicht bekleidete, wunderschöne Frau in ihrem

Schlafzimmer zu sehen. Sie versucht offensichtlich, Joseph, der jetzt ein muskulöser, gutaussehender junger Mann ist, zu verführen. Die Szene wird ausgeblendet, als sie ihre Hand zu ihm ausstreckt. Millionen von Zuschauern merken sich im stillen den Sendetermin vor, um ja nicht die nächste Folge zu verpassen.

Die nächste Episode beginnt auf dem ägyptischen Sklavenmarkt. Wegen seines markanten Äußeren und guten Aussehens wird viel für Joseph geboten. Schließlich wird er an Captain Potiphar, einen hohen Beamten der Palastwache des Pharaos, verkauft. Der etwas benommene Jugendliche wird durch Säulenstraßen und Tore geführt, die von steinernen Sphinxen bewacht werden. Er zittert, als er die mysteriösen Flügel sieht, die über dem Eingangsportal eingraviert sind. Um ihn herum ertönen Stimmen in einer Sprache, die er nicht versteht, und er fühlt sich sehr fremd.

Die nächste Szene spielt ein paar Jahre später. Joseph hat die Sprache und Gebräuche der Ägypter gelernt. In schnellen Bildfolgen sieht man, wie er zu immer höheren Positionen im Haushalt Potiphars aufsteigt. Obwohl er Ausländer ist, wird sein Name immer wieder erwähnt, wenn man einen zuverlässigen Mann braucht. Er erweist sich als vollkommen vertrauenswürdig – eine Seltenheit bei den Diebereien und Skandalen des Hauses. Mehrere Jahre später wird er schließlich zum Aufseher über alle Diener und Haushaltsfragen von Captain Potiphar ernannt. Potiphar ist viel unterwegs, da er Oberster der „Bodyguards" des Pharaos ist und jemanden braucht, dem er absolut vertrauen kann.

Dann kommt die Stelle, auf die Millionen von Zuschauern gewartet haben. Unter dem Vorwand, etwas zu benötigen, ruft Frau Potiphar ihn zu sich in ihre Gemächer. So wie sie seinen Namen ausspricht und wie sie angezogen ist, wird klar, was sie im Sinn hat. Sie ist nur mit einem dünnen Seidenmantel bekleidet, unter dem die Körperrundungen deutlich erkennbar sind. Joseph schaut weg, aber sie kommt näher und zwingt ihn, sie anzusehen. Natürlich ändert sich jetzt auch die Musik. Neben dem flehenden Saxophon hört man die vibrierenden Saiten der elektrischen Gitarre. Die Spannung steigert sich, denn jeder kann diese Klänge als Ankündigung einer sexuellen Begegnung erkennen. Sie lädt ihn ein, mit ihr ins Bett zu gehen. Aber er weigert sich, weil er den Captain, der ihm vertraut, nicht betrügen kann. Die Zuschauer sind enttäuscht, aber bald erleichtert, weil die Szene immer wieder gezeigt wird. Ihre Kleidung wird immer enthüllender, ihre Bitten immer flehender, aber Joseph weigert sich immer noch. Er kann das Vertrauen seines Herrn nicht enttäuschen und möchte sich nicht gegen Gott versündigen. In diesem Moment wird den Zuschauern alles klar. Der Typ geht tatsächlich nicht mit ihr ins Bett. Er gibt ihr immer wieder einen Korb! Es wird also keine Liebesaffäre und keine Bettszene in dieser Serie geben! Wütend schalten die Zuschauer den Fernseher aus oder auf einen anderen Kanal um.

In den nächsten 24 Stunden sind die Telefonleitungen der Fernsehstation blockiert. Sie erhält Millionen von Beschwerdebriefen. Die Sponsoren sind wütend und etliche drohen damit, den Produzenten zu verklagen. Schätzungen ergeben, daß nur wenige Zuschauer die letzte Folge sehen. Die anderen sehen nie, wie Joseph es zum höchsten Amt bringt.

Sie wissen natürlich längst, daß diese Geschichte ein Produkt meiner blühenden Phantasie ist. Eine solche Serie wurde nie gedreht. Und sie wird auch nie gedreht werden. Warum? Aus denselben Gründen, aus denen Hollywood noch nie einen bedeutenden Film über das Leben Josephs gemacht hat. Samson und Delila? Natürlich. David und Bathseba? Sicherlich. Aber Joseph niemals, weil er der sexuellen Verführung standhielt. Er blieb sauber. Es gibt offensichtlich nichts Faszinierendes an der Geschichte. Sie sollte uns inspirieren, aber das tut sie nicht. Sie langweilt uns nur. Aber es ist eine Geschichte, die wir unbedingt hören müssen. Wie hat es Joseph gemacht? Was hielt ihn davon ab, in die Grube der Verführung zu fallen? Ein Traum – ein hoher, heiliger, göttlicher Traum für sein Leben. Ein Traum, der auch die Vision sexueller Reinheit enthielt. Und er hielt an diesem Traum fest. Vielleicht sollten wir auch sagen, der Traum hielt an ihm, selbst im härtesten Kampf, fest. Schauen wir uns die Faktoren an, die es für Joseph so leicht gemacht hätten, zu fallen. Indem wir sie auf unser heutiges Leben beziehen, können wir Gottes Wort für uns hören.

„Jeder macht es!"

Archäologische Funde zeigen uns, daß die ägyptischen Frauen zur Zeit Josephs erstaunliche Freiheiten genossen. Moralische Freizügigkeit führte zu sexueller Promiskuität. Die Dekadenz am Hofe Pharaos läßt sich gut mit den Skandalen aus Polit-Krimis vergleichen. Wenn Amoralität an der Spitze wuchert, dauert es gar nicht lange, bis sie überall ist. Damals wie heute konnte gesagt werden: „Jeder macht es!" Joseph mußte genauso gegen die Moral seiner Zeit schwimmen wie heute die Christen, die ihre Vision der heiligen Sexualität erhalten wollen.

Vor einiger Zeit sah ich einen Kabarettisten in einer ansonst anständigen Sendung. Er imitierte den Monolog eines Predigers, der die Hochzeitsfeier hielt. „Meine Lieben", intonierte er, „wir sind heute hier versammelt, um diese Frau und diesen Mann in die heilige Ehe zu setzen, so daß wir damit das legal machen, was sie in den letzten vier Jahren getrieben haben. Wir geben unsere Zustimmung, um sauber und recht zu machen, was bis jetzt schmutzig und falsch war." Und so weiter. Er endet damit, daß es schade sei, daß sie jetzt heiraten würden, da dadurch der ganze Spaß weg sei. Der Monolog wurde durch das rauhe Gelächter des Publikums unterbrochen.

In der Vorbereitung auf dieses Buch sah ich mir einige der meistgesehenen Unterhaltungsshows an. Eines Abends stellte ein Showmaster seinen Gast vor, den Präsidenten der „National Chastity Organization" (Nationale Keuschheitsliga), einer Organisation mit Zweigstellen in ganz USA. Als der Titel zum ersten Mal genannt wurde, fing das Publikum an zu kichern; als man die Bedeutung erklärte, wurde daraus schallendes Lachen. Einer der Diskussionsteilnehmer war ein junger Mann Anfang 30. Auf vernünftige Weise berichtete er von den zerstörerischen Effekten seiner früheren sexuellen Ausschweifungen, von seinem Christwerden und seiner jetzigen Enthaltsamkeit bis zur Hochzeit. Während der vielen Zuschaueranrufe begann eine 27jährige, alleinstehende Frau mit den Worten: „Ich finde diese Sendung absolut lächerlich." Sie bekam Applaus vom Publikum. Sie fing dann an, mit deutlichen Ausschmückungen zu erzählen, wie sehr sie es genoß, „sexuell aktiv" zu sein. Noch mehr Applaus.

In vielerlei Hinsicht ist unsere Situation viel schlimmer als im alten Ägypten. Während es damals die *akzeptierte* Moral war, ist es heute die Moral, für die *geworben* wird. Ich spreche nicht über *Immoralität* oder *Amoralität* in den heutigen Medien. Wir sind schon viel weiter. Ich spreche über die *Anti-moral* — *etwas, das anscheinend eine organisierte, absichtliche und militante Bewegung gegen die jüdisch-christliche Moral ist.* Lassen Sie uns noch einen Schritt weitergehen. Antimoral wird *umworben*, weil man einfach davon ausgeht, daß sie *gut* und *richtig* ist. In solch einer Situation schreit selbst Gott. „Weh denen, die Böses gut und Gutes böse nennen, die aus Finsternis Licht und aus Licht Finsternis machen, die aus sauer süß und aus süß sauer machen!" (Jes. 5,20).

Sexuelle Unanständigkeit ist wie eine Seuche, die sich im ganzen Land verbreitet, bis Verheiratete wie Unverheiratete infiziert sind. Noch schlimmer: Diese Immoralität hat auf das christliche Lager übergegriffen, selbst dort, wo sich viele evangelikal nennen. Die Schrift lehrt uns, daß die Sexualität ein Geschenk Gottes ist, das nur in einer verbindlichen, monogamen Ehebeziehung voll ausgedrückt und genossen werden darf.

Trotz dieser deutlichen Lehre Gottes sagen sie, daß die Sexualität nicht ein Geschenk, sondern ein Recht ist, das von zwei beliebigen Personen genossen werden darf, solange sie eine liebende, verbindliche und bedeutsame Beziehung haben. Dies bedeutet, daß wir, wenn wir die gottgegebene sexuelle Reinheit im Alleinsein wie auch in der Ehe bewahren wollen, nicht nur gegen den Strom der Welt, sondern auch gegen die Kompromisse vieler Christen schwimmen müssen.

„Nimm es oder verlier es!"

Als Potiphars Frau eine Beziehung mit Joseph eingehen wollte, muß er ungefähr 25 Jahre alt gewesen sein. Er war auf der Höhe seiner Männlichkeit und des sexuellen Verlangens. Wenn man davon ausgeht, daß damals zwischen Mann und Frau erhebliche Altersunterschiede herrschten, war Potiphars Frau wahrscheinlich nur wenig älter. Die sexuellen Bedürfnisse der Frau verstärken sich oft zwischen dreißig und vierzig. Es scheint, als ob für beide die stärkste Versuchung gerade dann kam, als ihre natürlichen Bedürfnisse am stärksten waren.

Beachten Sie die ungewöhnliche Beschreibung Josephs: Er „war schön an Gestalt und hübsch von Angesicht" (1. Mose 39,6). Die meisten von uns wären mit einem von beiden zufrieden. Er sah also „super" aus. Deshalb überrascht dies nicht: „Eines Tages forderte sie ihn auf: ‚Komm, schlaf mit mir!'" (Einheitsübersetzung 39,7).

Darin liegt eine interessante Schlußfolgerung. Einer der Gründe, warum Joseph verführt wurde, ist, daß er so verführerisch war. Er war keine kaltblütige Mumie, sondern ein muskulöser Mann, durch dessen Adern warmes Blut floß. Ob es Ihnen gefällt oder nicht: Einige Menschen sind körperlich oder emotional so ausgestattet, daß sie zu Quellen der Verführung werden. Joseph hatte das gewisse Etwas, und wenn Sie jetzt fragen, was dieses „Etwas" ist, haben Sie das Problem nicht verstanden.

Durch den Rest der Geschichte wissen wir, daß Joseph seine Attraktivität nicht benutzte, um die Frau zu verführen. Er ging gewissenhaft seiner Arbeit nach und kümmerte sich um seine Angelegenheiten. Frau Potiphar ergriff die Initiative, um durch ihren weiblichen Charme Joseph zu verführen. „Und es begab sich hernach, daß seines Herrn Frau ihre Augen auf Joseph warf und sprach: Lege dich zu mir!" (39,7). Denken Sie daran, daß die ägyptischen Frauen als erste das Augen-Make-up erfanden ...

Wir müssen uns ständig daran erinnern, daß die Sexualität ein heiliges Geschenk Gottes ist, das für seine Zwecke genutzt werden soll. Die Schöpfungsgeschichte erzählt, daß Gott uns Menschen schuf „zu seinem Bilde... und schuf sie als Mann und Weib" (1. Mose 1,27). Dies bedeutet, daß auf mysteriöse und wunderbare Weise die Männlichkeit und die Weiblichkeit das Bild Gottes in uns reflektieren. Wir brauchen beide, um den Charakter und das Wesen Gottes ganz zu verstehen, und beide haben gewisse von Gott gegebene Charaktereigenschaften, die sein wahres Wesen enthüllen. Wir sollten uns daher fragen: „Gebrauche ich meine Männlichkeit oder Weiblichkeit, um Gottes Charakter zu reflektieren und ihm Ehre zu geben?"

Im Falle Josephs, wo maximale Versuchung kombiniert war mit optimaler Gelegenheit, ist es Gottes Gnade zuzurechnen, daß er nicht nachgab. Kein Wunder, denn die Bibel erzählt viermal in 1. Mose 39: „Der Herr war mit ihm." Das ist gewiß!

„Ich muß halt mit jemandem zusammensein"

Potiphars Verpflichtungen haben ihn anscheinend viel außer Haus sein lassen. Weil die Diener die meiste Arbeit verrichteten, hatte seine Frau viel freie Zeit — eine tödliche Kombination, sicherlich, denn „Müßigkeit ist aller Laster Anfang". Joseph dagegen erfuhr eine andere Art der Einsamkeit. Trotz seines Erfolgs und der vielen Beförderungen war er weit weg vom Vaterland. Er muß seinen Vater und den jüngeren Bruder sehr vermißt haben. Hier haben wir also zwei einsame Menschen: ein gutaussehender, einsamer Mann und eine hübsche, einsame Frau. Unterschätzen Sie niemals den komplizierten Zusammenhang von Einsamkeit und sexueller Versuchung.

Unzählige Male habe ich es in meiner Seelsorge von einigen aufrichtigen christlichen „Singles" gehört: „Ich war so alleine. Während der Woche, als ich arbeitete, war es in Ordnung, aber ich fürchtete den Freitagnachmittag, weil die Wochenenden so schrecklich waren. Die schlimmste Art der Einsamkeit würde mich überkommen — fast körperlich, wie eine Decke oder so etwas. Es würde mich einhüllen — ich konnte es fast spüren. So mußte ich einfach mit jemandem zusammensein, irgend jemandem, und bevor ich es merkte, tat ich Dinge, von denen ich nie gedacht hätte, daß ich sie tun könnte. Ich schäme mich, es Ihnen zu sagen: Es war wirklich nur ein Körper — ein Körper, der mich berührte und hielt."

Unsere Heranwachsenden haben wir auf alles im Leben vorbereitet, nur auf eines nicht: die Einsamkeit. Wir müssen ganz besonders zukünftige Diener des Herrn darauf vorbereiten. Ich habe qualvolle Geständnisse von lebendigen Missionaren gehört, deren Leben sehr moralisch und sauber war, solange sie in der schützenden Gemeinschaft von Christen lebten. Aber in weit entfernten Orten trugen Wellen der Einsamkeit ihre moralischen Wertvorstellungen fort und drangen in die Seele ein, bis innere Leere und sexuelle Wünsche ihren Glauben fast erstickten.

Lassen Sie uns nicht vergessen, daß die schmerzhafteste Art der Einsamkeit manchmal dann gegeben ist, wenn man verheiratet ist, und obwohl man mit dem Partner körperlich im selben Haus wohnt, emotional Kilometer voneinander entfernt ist. Die Kommunikation ist zusammengebrochen, die Frau ist zu sehr mit den Kindern und der Mann zu sehr mit der Arbeit beschäftigt – selbst der Arbeit für Gott –, und ein Partner ist nicht in der Lage, auf die emotionalen Bedürfnisse des anderen einzugehen. Bald darauf fühlt sich einer einsam, obwohl er von Menschen umgeben ist – Kindern, Nachbarn, Gemeindegliedern. Der Ehepartner füllt zwar die eine Betthälfte, aber nicht die Leere im Partner. Das ist der Zeitpunkt, wenn das Böse selbst in die feinste Vorstellung eindringt, sie mit verbotenen Phantasien erfüllt und die Samen der großen Versuchungen legt. Was für ein Wunder, daß Joseph, allein und einsam, der liebeshungrigen Frau des Obersten der Leibwache widerstehen konnte.

„Wie kann ich ablehnen"

„Und sie bedrängte Joseph mit solchen Worten täglich. Aber er gehorchte ihr nicht, daß er sich zu ihr legte und bei ihr wäre" (39,10). Wenn sie sich ihm nur einmal angeboten hätte, könnte Joseph geglaubt haben: „Vielleicht habe ich sie nicht richtig verstanden", oder „Sie hat das nicht so gemeint". Aber die Situation wiederholte sich nicht ein- oder zweimal, sondern täglich. Es gab keinen Zweifel über das, was sie wollte; sie war entschlossen, es zu bekommen. Das bessere Urteilsvermögen des Mannes kann einmal einem Angriff sexueller Versuchung widerstehen. Wenn er aber oft wiederholt wird, die Frau so eifrig ist und zur Verfügung steht, wird vielleicht der stärkste Mann ihr unterliegen. Da er sich dessen bewußt war, entschloß sich Joseph, daß er nicht „bei ihr wäre".

Als Paulus seinen jungen Freund Timotheus in das Evangelium einweist, sagte er ihm, daß es Zeiten gibt, in denen er ein guter Streiter sein, recht kämpfen und so hart wie ein Bauer arbeiten soll (2. Tim. 2,3-7). Aber in demselben Kapitel, als es um sexuelle Versuchungen geht, sagt er: „Fliehe die Begierde der Jugend" (2,22). Es gibt also Zeiten, stehenzubleiben und zu kämpfen, und Zeiten des Fliehens. Jeder gute General kennt die Wichtigkeit des „strategischen Rückzugs" als eine Möglichkeit, letztendlich den Kampf zu gewinnen.

„Vom Schlafzimmer in den Sitzungssaal"

Der wahrscheinlich wichtigste Faktor dieser Versuchung war die Chance einer Beförderung. Erinnern Sie sich, Potiphar war Oberster der Leibwache des Pharaos und hatte somit direkten Zugang zum Herrscher. Sicherlich kam ihm auch der Gedanke, daß sie, wenn er ihrem Vorschlag zustimmte, auch seinem zustimmen würde. Ein Vorschlag von Potiphars Frau könnte ein Flüstern in das Ohr des Pharaos von einem seiner wichtigsten Offiziere bedeuten. Beförderung, Ehre, vielleicht sogar Freiheit könnten das Ergebnis einer Affäre mit einer Frau von solch hohem Status und Einfluß sein. Zu dem Zeitpunkt war Joseph lange genug dort, um von solchen Abkürzungen zur Beförderung gehört zu haben.

Die Faktoren, die ihn standhalten ließen

Wenn man alle Faktoren zusammennimmt, dann stand das Signal vom menschlichen Standpunkt aus auf „grün". Wie fand Joseph dann trotzdem die Kraft zu einem so positiven und permanenten „Nein"?
– Erstens: der heilige Traum, den er für sein Leben hatte. Die göttliche Vision für sein Leben enthielt auch die sexuelle Reinheit. Als Gott Joseph seinen Traum von Autorität und Führung gab, füllte er ihn mit Selbstachtung und einer Verpflichtung für ein gewisses moralisches Niveau. Ich bin fest davon überzeugt, daß Gott das unmoralische Verhalten einiger älterer Brüder dazu benutzte, ihn in die andere Richtung zu lenken und ihn mit der Entschlossenheit füllte, ihrem schlechten Beispiel nicht zu folgen. Er wußte, wenn sich seine Träume jemals erfüllen sollten, wenn er über seine Familie *erhöht werden* sollte, dürfte er niemals in ihre Niederungen des Lebens *erniedrigt* werden.

Ich habe diese geistige Reaktion oft zur Verherrlichung Gottes wirken sehen. Ratsuchende haben mir oft von ihren eigenen Geschwistern (und manchmal sogar Eltern) erzählt, deren Leben mit allen möglichen Arten der Immoralität gefüllt war. Aber in ihrer frühen Kindheit oder Jugend nutzte Gott ihre Abneigung, um sie mit einem heiligen Traum zu füllen – der Entschlossenheit, von solchen Sünden freizubleiben und sich selbst für den Ehepartner reinzuhalten.

Enthalten Ihre Träume hohe moralische Ideale für Freundschaft und Ehe? Geben Sie diese Träume nicht auf. Halten Sie beharrlich daran fest. Wenn Sie noch nicht verheiratet sind, halten Sie sich diese Vision vor Augen. Verkaufen Sie diese Träume nicht für einen wäßrigen Eintopf. Lassen Sie mich eine Übung vorschlagen, die auch anderen geholfen hat. Schreiben Sie einen fiktiven Brief an Ihre zukünftige Braut oder Ihren zukünftigen Bräutigam. „Aber ich weiß gar nicht, wer das sein wird", sagen Sie. Das macht nichts. Lassen Sie mich den Vorschlag umformulieren. Schreiben Sie einen echten Brief an Ihren fiktiven Partner. Machen Sie daraus einen Brief, den Sie diesem Menschen in der Hochzeitsnacht geben möchten. Erzählen Sie darin alles über sich selbst und was Sie ihm oder ihr geben möchten. Schreiben Sie dann, was Sie von dieser wundervollen Nacht erwarten. Ein ziemlich ernüchternder Gedanke, nicht wahr? Schrecklich altmodisch, furchtbar spießig? Ja, und auch sehr christlich. Meine Gründe für diesen Vorschlag sind die vielen zukünftigen Ehegatten, von denen ich so oft mit Tränen in den Augen so etwas hörte wie: „Ach, wenn ich nur gewußt hätte, daß ich eines Tages so einen tollen Menschen wie ... treffen würde, hätte ich mich damals in der Schule oder im College nie so verhalten. Ach, wäre ich nur rein geblieben!"

Da wir gerade über Briefe sprechen, möchte ich Ihnen von einem sehr faszinierenden erzählen. Ein guter Freund von mir war geistlich viel weiter, als es seinen Jahren entsprach, und ein gesegneter Prediger. Ende Zwanzig, als junger Pastor, sprach er oft bei Zeltlagern, Freizeiten und Erweckungsveranstaltungen. Bei einer solchen Gelegenheit wohnte er in dem großen Haus einer reichen Familie von Gemeindegliedern. Eines Nachts wurde er von Jackie, der 18jährigen Tochter der Familie, geweckt. Sie sagte, sie hätte sich in ihn verliebt und wollte mit ihm schlafen. Freundlich, aber bestimmt redete er es ihr aus. Sie ging verlegen und in Tränen aufgelöst in ihr Schlafzimmer zurück. Sieben Jahre später bekam er eine Danksagungskarte, die man von dem Brautpaar für ein Hochzeitsgeschenk erhält. Überrascht sprach er mit seiner Frau, die ihm bestätigte, daß sie kein Geschenk geschickt hatten. Sie hielten es für einen Irrtum, bis ein kleiner Zettel aus dem Umschlag fiel. Er war von Jackie, die sich wärmstens bei ihm bedankte, daß er ihr das wertvollste Geschenk gemacht hatte – ihre Unschuld zu bewahren.

– Zweitens: sein Sinn für Loyalität und Verantwortung. Bei seiner ersten Ablehnung erinnerte Joseph die Frau Potiphars daran, daß ihm ihr Mann ganz vertraute und ihn für alles verantwortlich gemacht hatte. Er glaubte fest daran, daß es Sünde war, das Vertrauen eines anderen Menschen zu enttäuschen. „Alles, was er hat, das hat er unter meine Hände getan ... Wie sollte ich denn nun ein solch großes Übel tun und gegen Gott sündigen?" (39, 8-9). Dahinter steht ein sehr wichtiges moralisches Prinzip, das wir in bezug auf unser sexuelles Verhalten fast ganz vergessen haben – unsere Loyalität und Verantwortung für die Leben derer, die uns Gott anvertraut hat.

Wenn Sie ledig sind und eine Beziehung haben, hat Ihnen der Herr die Verantwortung für die sexuelle Reinheit der Person, mit der Sie ausgehen, gegeben. Er oder sie ist Ihnen anvertraut worden. Dieses Prinzip beantwortet die Frage: „Wie weit dürfen wir gehen?" Viele junge Leute haben mir versichert, daß sie in der Lage sind, ihre sexuellen Gefühle zu kontrollieren („ich weiß, wann ich aufhören muß!"). Das ist nur die halbe Antwort! Die wichtigere Hälfte bezieht sich auf Ihren Partner. Hilft das, was Sie tun, dem anderen, die Kontrolle zu behalten oder hindert es ihn daran? Jeder ist dafür verantwortlich, dem anderen zu helfen, die sexuelle Reinheit zu bewahren.

Dieses moralische Prinzip ist der Kern von Loyalität und Treue in der Ehe. Ehebruch zu begehen, bedeutet die eheliche Gemeinschaft zu brechen und das Vertrauen des anderen Partners, der Ihnen von Gott anvertraut wurde, zu verraten. Es ist außerdem moralisches „Einbrechen und Eindringen", stehlen von etwas, das Ihnen nicht gehört, sowie das Nichtschützen von etwas, das Ihnen gehört. Joseph war sich dessen bewußt, daß er für seine Sexualität verantwortlich war.

– Drittens: sein Entschluß, sich nicht gegen Gott zu versündigen. Dies gab ihm die meiste Kraft. „Wie sollte ich denn nun ein solch großes Übel tun und gegen Gott sündigen? (39,9). Eine alte Legende erzählt, daß Potiphars Frau verblüfft reagierte, als Joseph das sagte. Sie lächelte verständnisvoll, riß einen Teil der reich verzierten Gardinen ab, eilte zur Statue eines ägyptischen Gottes, der in der Ecke stand, und warf die Gardine über dessen Gesicht. „Nun ist alles in Ordnung, Joseph", sagte sie, „Gott kann uns nicht sehen". Joseph soll darauf erwidert haben: „Aber mein Gott sieht uns immer noch. Man kann seine Augen nicht verdecken, denn Licht und Dunkelheit sind für ihn gleich."

Was für ein großartiger Gedanke für uns alle! Ganz gleich, ob es nun eine versteckte Höhle in unserer Phantasie oder ein Rendezvous in einem Apartment ist, richten sich die Worte des 139. Psalms an uns:

> Herr, du erforschest mich und kennst mich ...
> du verstehst meine Gedanken von ferne. Ich gehe
> oder liege, so bist du um mich und siehst alle
> meine Wege ... Spräche ich: Finsternis möge
> mich decken und Nacht statt Licht um mich sein —
> so wäre auch Finsternis nicht finster bei dir,
> und die Nacht leuchtete wie der Tag. Finsternis
> ist wie das Licht (139, 1-3. 11-12).

Joseph war sich bewußt, daß es nicht nur eine Sünde war, das Vertrauen eines anderen zu enttäuschen, sondern viel schwerwiegender — eine Sünde gegen Gott. König David wurde das erst klar, nachdem er Ehebruch mit Bathseba begangen hatte: „An dir allein habe ich gesündigt und übel vor dir getan" (Ps. 51,6). Dies war die Basis von Davids Reue. Wieviel besser ist es, wie Joseph die Sünde schon vorher zu erkennen, weil sie die Basis seiner Zurückhaltung wurde.

Wir dürfen nie vergessen, daß alle Sünde gegen Gott gerichtet ist. Grausamkeit gegenüber einem Tier ist Sünde gegen Gott, da wir eine seiner Kreaturen verletzen. Die Umwelt zu verschmutzen ist eine Sünde gegen Gott, da wir einen Teil seiner Schöpfung zerstören. Sexuelle Immoral ist eine Sünde gegen Gott, weil wir dadurch nicht nur sein Gebot brechen, sondern auch seine Liebe enttäuschen.

Der Preis der Reinheit

Wohin brachten Joseph seine Ideale? Wie wahr, was William Congreve vor Jahrhunderten schrieb:

> „Im Himmel gibt es keinen Zorn,
> wie Liebe, die in Haß sich kehrt,
> Noch hat die Hölle eine solche Wut,
> wie eine verschmähte Frau."

Eines Tages erwischte ihn also die Frau des Potiphar (trotz aller Versuche, sie zu meiden) und hielt ihn am Gewand fest. Als er versuchte, sich zu lösen, blieb sein Mantel in ihrer Hand zurück. Als Potiphar wieder nach Hause kam, zeigte sie ihm den Mantel und erfand eine dazu passende Geschichte. Joseph wurde ins Gefängnis geworfen — zwar ein Gefängnis

„niedriger Sicherheitsstufe", in welches nur Gefangene des Königs kamen, aber trotzdem ein Gefängnis (39,11-19).

Der Kommentar von Matthew Henry zu diesem Vorfall ist ausgezeichnet: „Es ist besser, einen guten Mantel zu verlieren als ein gutes Gewissen." Dies ist das zweite Mal, daß Joseph das Gewand ausgezogen wurde; beide Male hat er seine Ideale bewahrt. Aber welch hoher Preis, um rein zu bleiben – die Gefangenschaft! Weil er der sexuellen Versuchung nicht nachgab, landete er im Gefängnis.

Was wäre geschehen, wenn er nachgegeben hätte? *Er wäre in einem schlimmeren Gefängnis gelandet. Der Preis seiner Unreinheit wäre ein größerer Verlust der Freiheit und eine noch schlimmere Gefangenschaft gewesen* – die Ketten der Lust und die Fesseln einer geheimen Liebschaft. Er hätte seine Selbstachtung verloren und die Freiheit, seinen großen Traum weiter zu verfolgen. Jesus drückte das so aus: „Wahrlich, wahrlich, ich sage euch: Wer Sünde tut, der ist der Sünde Knecht" (Joh. 8,34). Nirgends wird das deutlicher als in der versklavenden Kraft der sexuellen Sünden.

Im Namen der Freiheit verlieren viele Menschen ihre Freiheit. Sie denken, daß der Preis der Reinheit zu hoch ist, und zahlen einen noch höheren Preis für ihre Unreinheit – ein Leben gefangen in zerbrochenen Träumen, Bedauern und Verzweiflung. An diejenigen unter Ihnen, die sich in einem solchen Gefängnis befinden, möchte ich mich wenden, und auch an jene, die glauben, daß die Josephsgeschichte zu spät kommt, um Ihnen zu helfen, weil Sie nachgegeben haben und gefallen sind. Gott möchte die Träume Ihrer Vergangenheit reparieren und Ihnen Träume für die Zukunft schenken.

Kapitel 5

Zerbrochene Träume reparieren

Vor ein paar Jahren kam ein bekannter Redner in unsere Gemeinde und hielt den jungen Leuten einige Vorträge zum Thema „Die christliche Sicht über Rendezvous, Sex und Ehe". Ich war ihm dankbar für sein starkes Engagement hinsichtlich biblischer Grundsätze der Reinheit und seine hilfreichen Vorschläge zu deren Durchhaltung.

Ich war überrascht, wie viele Schüler, Studenten und Bibelschüler in den folgenden Wochen zu mir kamen. Alle drückten ihre Dankbarkeit für die inspirierenden Reden aus, aber fügten dann hinzu: „Ich wurde ganz niedergeschlagen, als ich ihm zuhörte. Für mich war es zu spät; ich fühlte mich schuldiger und hoffnungsloser als zuvor." Sie berichteten mir davon, wie ihr Leben sexuell durcheinander geraten war. Fast alle fragten mich: „Was soll ich jetzt tun?" Dies möchte ich für vier verschiedene Personengruppen beantworten. Obwohl sie alle unter zerbrochenen Träumen leiden, haben sie unterschiedliche Probleme vor sich und müssen bestimmte Wege lernen, um ihre Träume zu reparieren und zu erneuern.

Sie hatten sexuelle Kontakte, als sie noch sehr jung waren

Ich denke dabei nicht an Kinder oder Jugendliche, die sexuell mißbraucht wurden und somit Opfer der Sünden anderer Leute sind. Sie repräsentieren kompliziertere Probleme und benötigen besondere Hilfe. Darüber habe ich ziemlich ausführlich in „Heilung der Erinnerung" berichtet, wo ich Wege der Seelsorge und des Gebetes beschreibe, um ihnen wieder zur Ganzheit zu verhelfen.

Ich denke dabei an Teenager und junge Leute, die durch ihre eigene Entscheidung in sexuelle Sünde gefallen sind. Untersuchungen ergaben, daß Kinder immer früher „sexuell aktiv" werden. Ich habe das selbst als

Pastor erlebt, als ich den Sexualkundeunterricht für 10-12jährige (und ihre Eltern) hielt. Die Fragen und Bemerkungen der Viert- und Fünftkläßler, der heutigen Fernsehgeneration, waren viel offener als die, die ich vor 15 Jahren von Collegestudenten gehört hatte. Einige junge Leute machten so früh sexuelle Erfahrungen, daß sie nie die Möglichkeit hatten, sich einen Traum der Ganzheit zu schaffen. Ich stelle trotzdem fest, daß die meisten Reinheitsträume von jungen Leuten (und besonders von Christen) während der Gymnasialzeit und dem Studium/der Lehre zerbrochen werden. Hier sind einige der wichtigsten Zutaten, die nötig sind, um diese angeschlagenen Träume zu flicken.

– Lassen Sie sich Gottes ganze Vergebung schenken. Erscheint das zu einfach? Ich möchte nicht, daß es so klingt, denn es ist nicht so. Tatsächlich gibt es etwas, wodurch es scheinbar gerade für sexuelle Sünden viel schwerer ist, Vergebung zu empfangen. Sie machen uns so beschämt und schuldig, daß wir uns fühlen, als ob wir nicht zu Gott durchkommen, nicht einmal seine Gegenwart spüren, geschweige denn ihn um Vergebung bitten können. Hier sind nur einige Beispiele, wie diese Gefühle ausgedrückt wurden. „Ich fühle mich so schmutzig – so kann ich nicht mit Gott reden." Oder: „Ich habe es ja gewußt. Es war meine eigene Schuld. Mein bester Freund hat mich gewarnt, selbst Gott warnte mich, aber ich habe nicht hingehört. Wie kann ich jetzt hingehen und ihn um Hilfe bitten?" Oder: „Sie verstehen das nicht. Es geschah, nachdem ich errettet wurde. Wie kann mir Gott vergeben, daß ich das tat, nachdem er so viel für mich getan hat?" Oder: „Sie nennen mich ‚Saubermann' in der Jugendgruppe der Kirche. Wenn die wüßten, was für ein Heuchler ich bin! Ich fühle mich zu falsch, um mit Gott zu reden."

Diese Gefühle können von verschiedenen Seiten kommen. Aber eins ist sicher – sie kommen nicht von Gott. Sie mögen wie das Gewissen oder die Stimme Gottes klingen, aber sie sind es nicht. Es könnte eine Kindheitserinnerung an einen kritischen, unangenehmen Elternteil, einen gesetzlichen Kindergottesdienstleiter oder einen „gnadenlosen" Prediger sein. Oder Ihr eigener übertriebener Perfektionismus könnte dem im Weg stehen. Diese und ähnliche Quellen der Verdammung benutzt Satan. Der große Anschuldiger unserer Seelen versucht uns weiszumachen, daß wir nicht gut genug, nicht sauber genug, nicht ehrlich genug und nicht reuevoll genug sind, um Gottes Geschenk der Vergebung zu erbitten. Unter den vielen großartigen Schriftstellen, die von Gottes immerwährender Gnade und Vergebung sprechen, wenn es darum geht, Gottes Vergebung für sexuelle Sünden zu erfahren (Psalm 25,4-7):

Herr, zeige mir deine Wege und lehre mich deine Steige!
Leite mich in deiner Wahrheit und lehre mich!
Denn du bist der Gott, der mir hilft;
täglich harre ich auf dich.
Gedenke, Herr, an deine Barmherzigkeit und deine Güte,
die von Ewigkeit her gewesen sind.

*Gedenke nicht der Sünde meiner Jugend und meiner
Übertretungen, gedenke aber meiner nach
deiner Barmherzigkeit, Herr, um deiner Güte willen.*

– Lassen Sie sich von anderen helfen. Manchmal können wir die Vergebung Gottes alleine nicht aus vollem Herzen annehmen. Dann brauchen wir die Hilfe eines Freundes, eines Jugendpfarrers, eines Pastors oder Seelsorgers. Ich weiß nicht, warum das gerade auf sexuelle Sünden zutrifft, aber ich habe festgestellt, daß sie, mehr als alle anderen, ein besonderes gemeinsames Gebet benötigen. In Matthäus 18,18-20 erinnert uns Jesus an die riesige Kraft solcher Gebete, um diejenigen, die gebunden sind, zu „lösen". In Jakobus 5,16 lesen wir: „Bekennt also einander eure Sünden und betet füreinander, daß ihr gesund werdet." Oft schließe ich eine solche Gebetszeit mit der Feier des Abendmahls ab. Viele haben bezeugt, daß sie erst, als sie Brot und Wein nahmen, die Vergebung spürten und sich rein fühlten.

Ein Grund, warum es so effektiv ist, anderen etwas mitzuteilen und mit ihnen zu beten, ist, daß es falschen Stolz bricht, und die wirkliche Selbstachtung und Selbstgeißelung, die die sexuellen Sünden begleiten, sind nicht unbedingt Zeichen wahrer Sühne und Demut. Sie können das Ergebnis davon sein, daß wir unter die hohe Achtung, die wir von uns selbst haben, gefallen sind. Wir sind wütend, weil wir das nie von uns gedacht hätten. Andere natürlich, aber wir nie! Das „Super"-Bild (das höhere Selbstbild), daß wir von uns selbst hatten, wurde von unserem wirklichen Selbst zerstört und gab unserem Stolz einen ziemlichen Knacks. Es gibt keine bessere Heilung für solchen Stolz, als die Wahrheit anderen mitzuteilen und sie für uns beten zu lassen.

Es gibt noch einen Grund, warum wir mit anderen über unsere Probleme sprechen sollen. Wir bitten damit nämlich nicht nur um Unterstützung, sondern unterstellen uns auch einer Verantwortlichkeit. Manchmal ist die Macht der Lust so stark, daß nur eine verantwortliche Gruppe diese Macht brechen kann. Ich stelle immer häufiger fest, daß einige Christen nur dann ihre Reinheit wahren können, wenn sie fest in eine

Gruppe eingebunden sind, die das Ziel hat, sich gegenseitig zu helfen. Das trifft ganz besonders dann zu, wenn Pornographie, Exhibitionismus, zwanghafte Selbstbefriedigung, Promiskuität und andere Formen süchtigen Sexualverhaltens im Spiel sind. Es ist höchste Zeit, daß die Kirchen dies erkennen und vertrauliche Hilfsgruppen für Christen einrichten, die diese Schwierigkeiten haben.

– Lassen Sie sich von Gott einen neuen, heiligen Traum schenken. Durch den Verlust gewisser Möglichkeiten müssen Sie noch lange nicht geringere Anforderungen akzeptieren. Satan möchte Sie mit so viel Hoffnungslosigkeit und Pessimismus über den Verlust des ursprünglichen Traumes anfüllen, daß Sie sagen werden: „Was soll das alles? Ich bin sowieso schon von meinen hohen Ansprüchen abgefallen, da kann ich sie ja gleich ganz aufgeben."

Das waren fast die Worte, die Virginia, eine junge Studentin, benutzte, um mir ihre Gefühle zu beschreiben. Die gleiche Geschichte hatte ich schon viel zu oft gehört. Die Teilnehmer und Orte waren natürlich verschieden, aber die Handlung sehr ähnlich.... Ein gutes Zuhause, regelmäßiger Gemeindebesuch, manchmal sehr „gläubig"; manchmal weniger.... Eltern mit hohen Ansprüchen, eine Mutter, die offen über die Dinge des Lebens und die Reinheit bis zur Ehe mit ihrer Tochter sprach. Ein Vater, der die hohen Ideale sorgsam überwachte, seine Frau mit der Tochter reden ließ, aber eifrig gegen jeden jungen Mann zu Felde zog, der seiner Tochter zu nahe kam. Virginias Geschichte paßte in dieses Schema. Sie schätzte ihre Eltern und betonte, daß das, was geschehen war, ihr Fehler gewesen sei, und nicht der Eltern.

Sie war viel ausgegangen, hatte ein paar Freunde in der Schule gehabt, aber niemals ihre moralischen Grundsätze verletzt. Sie wartete auf den Richtigen, den sie, so schien es, in der Uni traf. Tim hatte alles, was sie sich erträumt hatte – gutes Aussehen, Verstand, Sportlichkeit und, was das Beste war – er behauptete, Christ zu sein. Sie gingen eineinhalb Jahre fest zusammen. Zwischen ihnen gab es eine starke körperliche Anziehung. „Es war viel Spannung in unserer Beziehung", sagte Virginia. „Wir gingen immer weiter. Ich überschritt immer wieder Grenzen, die ich mir gesetzt hatte. Ich habe viel dafür gebetet, aber mit Tim konnte ich nie darüber sprechen. So sehr ich es versuchte, sobald eine Grenze überschritten war, konnte ich es nicht mehr zurücknehmen. Schließlich machten wir den letzten Schritt. Ich schämte mich und schwor mir: ‚Nie wieder', aber wir taten es. Ich sagte mir dann, daß es in Ordnung sei, da wir eines Tages heiraten würden. Dann passierte etwas Seltsames. Tim schien das Interesse an mir zu verlieren und erfand Ausreden, um sich nicht mehr mit mir zu treffen. Innerhalb weniger Wochen war Schluß, und er hatte eine andere ins Auge gefaßt. Ich war wie am Boden zerstört und sehr niedergeschlagen. Ich wollte mit meiner Mutter darüber reden, aber ich fürchtete, daß sie es Vater erzählen könnte. Ich wußte nicht, was dann geschehen würde. Als ich mich so niedergeschlagen fühlte, lud mich ein anderer Typ ein, mit ihm auszugehen. Er war ein absoluter ‚Profi', und bei der zweiten Verabredung landeten wir im Bett. Danach wurde mir klar, daß ich etwas unternehmen mußte; und deshalb bin ich hier."

Jetzt weinte Virginia. „Meine Mama hat mich daran erinnert, was mein Name bedeutet. Na großartig! Schauen Sie mich an, Virginia, jetzt bin ich nur noch ‚i-a', ich habe den ‚Virgin'-Teil verloren (virgin = Jungfrau). Seitdem ich den letzten Schritt gegangen bin, sagt mir meine innere Stimme: ‚Du hast es dir verscherzt, Mädchen, du hast es verloren. Jetzt kannst du ruhig so weitermachen; denn es ist sowieso egal.'"

Virginia und ich redeten mehrere Stunden und beteten. Bei unserem letzten Treffen, nach dem Abendmahl, legte ich ihr die Hände auf und betete für sie. Während des Gebets sagte ich etwas wie: „O Herr, du hast Virginia die totale Vergebung ihrer Sünden geschenkt und sie in deiner Liebe reingewaschen. Darum bitte ich dich, daß du ihr jetzt ein noch größeres Geschenk gibst. Gib ihr das Gefühl ihrer Reinheit zurück. Herr, laß sie niemals unrein nennen, was du rein gemacht hast."

Sie erzählte mir später, daß mein Gebet sie schockiert hatte. Dann dämmerte es ihr allerdings, daß Gott zwar nicht ihre Jungfräulichkeit wiederherstellen konnte, aber ihre Reinheit und ihre Selbstachtung. Jahre später sagte sie mir, daß dies ihre Vision, bis zur Ehe rein zu bleiben, wiederherstellte, und sie befähigte, dieses Ziel zu erreichen.

Dies ist genau das, was Gott auch für Sie tun kann. Er möchte sogar noch mehr tun. Er möchte Ihren einst schwächsten Punkt in den stärksten wandeln. Sie sind nicht länger naiv oder unschuldig oder unwissend. Sie sind nicht mehr so töricht, daß Sie sich Ihrer Sünden nicht bewußt sind. Jetzt sind Sie sich ihrer bewußt. Und dies kann Sie zu einer viel tieferen Abhängigkeit von Gott führen, um Kraft zu erhalten. Sie wissen genau, was Sie tun würden, wenn Sie die richtige Versuchung und die falschen Umstände hätten. Beten Sie deshalb nicht nur, sondern seien Sie wachsam und beten Sie, daß Sie nicht in Versuchung geführt werden. Mit der vergebenden Vergangenheit, den „reparierten" heiligen Träumen und im Vertrauen auf den Heiligen Geist können Sie siegesgewiß in die Zukunft schauen. Sie dürfen mit Paulus sagen: „Denn wenn ich schwach bin, bin ich stark" (2. Kor. 12,10).

Unverheiratete Paare, die zusammenleben

Hier sind meine speziellen Ratschläge für Sie.
- Lassen Sie sich nicht durch Schuldgefühle in eine unglückliche Ehe drängen. Zahllose christliche Paare meinen, daß sie heiraten müssen, nur weil sie schon intim waren. Statt der Wahrheit über ihre Beziehung ins Gesicht zu sehen, heiraten sie aus einem Schuldgefühl heraus. Sie erklären das so: „Obwohl wir etwas falsch gemacht haben, wird es richtig, wenn wir jetzt heiraten." Die Voraussetzung, die dahinter steckt, ist absolut unbegründet – daß *die Ehe im nachhinein alles heiligt, was wir vorher mit ihr gemacht haben.*

Diese Ansicht finde ich besonders bei Frauen. Sie sind ungewöhnlich geistlich sensibler als Männer und können in einer Situation nur Frieden haben, wenn sie sich stets vor Augen halten: „Es ist schon recht – schließlich werden wir heiraten." Diese Rationalisierung läßt sich allerdings nicht durch die Bibel begründen.

Es ist weitaus besser, jetzt zu sühnen, als es später zu bereuen. Besser, der Schuld ins Auge zu sehen und Stunden damit zu verbringen, es gemeinsam zu beichten, als es zu ignorieren und viele Jahre unglücklich und mit Konflikten zu leben. Verstehen Sie mich nicht falsch. Ich sage nicht, daß Sie sich damit bestrafen sollen, nicht zu heiraten, weil Sie intim waren. Das kann genauso zerstörerisch sein, weil Sie vielleicht zusammengehören. Und das bringt mich zum nächsten Punkt.
- Prüfen Sie Ihre Liebe durch Enthaltsamkeit, und lassen Sie sich seelsorgerlich beraten. Wenn Sie sich nicht körperlich distanzieren, ist es nahezu unmöglich festzustellen, ob es sich um wahre Liebe oder nur um sexuelle Anziehung handelt. Das wird nicht einfach sein, und es ist ziemlich unwahrscheinlich, daß Sie es alleine durchhalten. Suchen Sie einen Seelsorger oder geistlichen Berater, dem Sie von Zeit zu Zeit Rechenschaft ablegen. Lassen Sie sich von dieser Person durch Tests führen, die Ihnen helfen werden, sich selbst zu verstehen und über Ihre Unterschiede zu sprechen. Diese Hilfe kann unschätzbar sein, weil Sie nur so herausfinden, ob es sich um wahre christliche Liebe und Respekt handelt, die für eine gute Ehe nötig sind – eine Liebe, die dem Test der *Zeit, Entfernung und einer gemeinsam vereinbarten Enthaltsamkeit* standhält. Diese Zeit der Prüfung wird Ihre Motive und Wünsche verdeutlichen und Sie in die Lage versetzen, eine freie Entscheidung über Ihre Zukunft – ob gemeinsam oder allein – zu treffen. Für diejenigen, die sich dann zur Heirat entscheiden, habe ich folgenden Vorschlag:
- Erneuern Sie Ihre Träume und Ihre Selbstachtung. Setzen Sie einen

Hochzeitstermin in nicht allzu weiter Ferne fest. Seien Sie realistisch, was Ihre eigenen Schwächen und Stärken auf diesem Gebiet anbelangt. In diesem Punkt werde ich oft sehr direkt und rate Paaren, Ihren Heiratstermin vorzurücken. Manchmal sagen Sie mir, daß es die Eltern nicht verstehen würden, aber wenn ich rate, Ihren Eltern das Problem zu verdeutlichen, sind sie oft von deren mitfühlender Reaktion überrascht. Wenn dem nicht so ist, spreche ist selbst mit Einwilligung des Paares — zu den Eltern. Nach meinen Erfahrungen ist meistens der Vater der Braut das Hauptproblem. Dann spreche ich mit ihm „von Mann zu Mann"; auf offene, aber behütete Weise erkläre ich die Situation. In jedem Fall waren die Eltern bislang bestrebt, mitzumachen.

Ich betone das deshalb, weil ein Hochzeitstermin eine bestimmte Zeit und ein Ziel definiert, auf das jeder hinarbeiten kann. Dies gibt dem Paar die nötige Motivation zur sexuellen Abstinenz. So wahren sie ihre persönliche Disziplin und gemeinsame Verantwortlichkeit bis zum Zeitpunkt der Hochzeit. Ich habe Dutzenden von Paaren dabei geholfen und hinterher solche Kommentare gehört: „Es war ziemlich hart, aber wir sind froh, daß wir es durchgehalten haben. Als wir zum Altar schritten und dann davorstanden, fühlten wir uns nicht falsch. Wir hatten die Köpfe erhoben, weil wir unsere Selbstachtung und auch die Achtung vor dem anderen hatten!"

Diese Aussage trifft genau auf den Punkt. Den Respekt vor sich selbst wieder aufzubauen, heißt Selbstachtung gewinnen. Wenn wir dies tun, reparieren wir unsere zerbrochene Vergangenheit und sind auf dem richtigen Weg, unsere hohen und heiligen Eheträume zurückzubringen.

Ehepaare mit zerbrochenen Träumen

Wenn Menschen sich nicht mehr zu helfen wissen, denken sie oft nur noch an ihren eigenen Schmerz und rufen um Hilfe. Weil sie dabei die verschiedenen Zeiten (die USA hat sechs verschiedene Zeitzonen) vergessen, weckt mich das Klingeln des Telephons regelmäßig aus dem Tiefschlaf.

In einer solchen Nacht rief Beth an, die Frau eines früheren Studenten von mir. Sie waren seit einigen Jahren im Pfarrdienst. Als sie merkte, wie spät es bei mir war, entschuldigte sie sich mehrmals. Aber ich war über ihren Anruf froh, nachdem ich ihre Geschichte gehört hatte. Sie und ihr Mann Stan waren außergewöhnlich gute Studenten gewesen. Er war der geborene Leiter und ein gesegneter Prediger, der sich schon eine große

Gemeinde aufgebaut hatte. Deshalb war ich schockiert, als Beth mir mit Tränen in der Stimme sagte, daß Stan den Predigtdienst aufgeben wollte. „Er hat es schon beschlossen. Er hat einen Brief geschrieben, daß er sein Amt aufgeben will und hat vor, ihn den Kirchenältesten diese Woche zu geben. Am Sonntag will er es von der Kanzel aus verkünden." Dann erklärte sie, daß Stan seit längerem ein Problem mit Pornographie hat, von dem sie nichts geahnt hatte. Kürzlich war er zufällig in einer Nachbarstadt von einem Gemeindeglied beim Kauf von Pornoheften „erwischt" worden. Stan schämte und fürchtete sich, und sein sensibles Gewissen ließ ihm keine Ruhe. Er schüttete Beth sein Herz aus und erzählte ihr von seinem ständigen Kampf mit sexuellen Phantasien. Außerdem hatte er sich den Frauen in der Gemeinde, wie er es nannte, „unangebracht" gegenüber verhalten. Er war dankbar dafür, daß Gott ihn zurückgehalten hatte, aber er fühlte sich sehr schuldig und nicht wert, weiterhin Pastor zu sein. Er war der Meinung, daß die einzige Lösung darin bestehe, es vor der Gemeinde zu beichten und als ihr Hirte zurückzutreten.

Dann sprach ich mit Stan; in den nächsten Tagen führten wir viele lange Gespräche. Ich sagte ihm, daß ich das Gefühl hätte, daß der Teufel versuche, ihn zur Selbstbestrafung zu bringen, um die Gemeinde zu zerstören, und daß er seinen Plan auf keinen Fall durchziehen solle. Ich riet ihm, die Ältesten anzurufen, ihnen alles privat zu beichten und sie um Vergebung zu bitten. Wenn sie danach noch wollten, daß er Pastor blieb, sollten sie ihn in Zukunft Rechenschaft ablegen lassen.

Ängstlich und zögernd tat er es. Zu seiner großen Überraschung und Freude waren die Ältesten sehr verständnisvoll. Sie wollten ihn weiterhin als ihren Pastor behalten und stimmten zu, sich regelmäßig mit ihm zu treffen. Sie waren nicht im geringsten daran interessiert, ihn zu bestrafen oder zu demütigen, sondern wollten ihn für die Gemeinde erhalten. Er ist immer noch in dieser Gemeinde, und Gott hat ihm eine noch größere Aufgabe gegeben – auch einige Älteste fingen nämlich an, angerührt durch seine Ehrlichkeit, sich mit ihren eigenen Bedürfnissen auseinanderzusetzen. Beth hatte sicherlich mit persönlicher Desillusionierung und angeschlagenen Träumen zu kämpfen. Aber durch Vergebung, offene Aussprachen und weitere Seelsorge wurden ihre Träume für die Ehe wie auch für die Gemeinde wieder aufgebaut.

Einige gläubige Ehepaare stehen vor weitaus ernsteren Problemen. Da so viele Frauen außer Haus tätig sind, betrifft eine steigende Zahl der Affären Ehefrauen wie -männer. Nichts zerstört mehr Träume wie außereheliche Beziehungen. Ein schreckliches Gefühl des Betrugs verbleibt

bei dem verletzten Ehepartner. Lassen Sie mich einige wichtige Vorschläge machen, die aus meiner Erfahrung mit solchen Paaren stammen.
- Gestörtes Vertrauen läßt sich nicht so leicht wieder normalisieren. Gegenseitiges Vertrauen ist wie eine Brücke. Wenn sie gebrochen ist, dauert es lange, bis sie wieder repariert ist. Viele Paare denken, daß sie damit nichts zu tun haben, weil sie ja Christen sind. Dies ist ein Trugschluß. Schuldige Partner brauchen sich nicht zu wundern, wenn sie manchmal Schmerz- und Wutausbrüche des anderen erleben, selbst wenn sie ihre Schuld wahrhaftig gesühnt und ihrem Partner gebeichtet haben. Wunden, die so tief gehen, öffnen sich immer wieder und brauchen lange, um zu verheilen. Das ist der Preis, den man für die Untreue bezahlen muß und der viel Gebet und Geduld von beiden Partnern verlangt. Viele Männer wollen diesen Prozeß beschleunigen, indem sie die sexuelle Beziehung zu schnell wieder eingehen. Das ist falsch. Arbeiten Sie lieber daran, das Vertrauen wieder aufzubauen und die emotionale und geistige Beziehung wiederherzustellen. Die sexuelle Seite wird auf leisen Sohlen folgen.
- Unterschätzen Sie nicht die süchtigmachende Wirkung einer sexuellen Beziehung und den Kampf, den der untreue Partner haben wird, um nicht wieder in diese Beziehung hineingezogen zu werden. Immer wieder werde ich gefragt: „Können wir nicht einfach Freunde bleiben? Kann ich ihn/sie nicht ab und zu einmal sehen?" Es muß eine positive Entscheidung geben, jeglichen Kontakt mit der Person abzubrechen, damit einer wieder beginnenden sexuellen Beziehung keine Chance gegeben wird. Die unschuldigen Partner müssen diesen Kampf ihrer Partner gegen die emotionale und körperliche Bindung verstehen, aber auf einer absoluten Trennung bestehen.

Ein Wort den Seelsorgern, die Menschen gegenüberstehen, die sich nicht in der Lage sehen, ihre Gefühle zu ändern. Ich stimme ihnen zu: Natürlich können Sie diese Gefühle nicht ändern. Das ist nicht Ihre Aufgabe. Aber Gott kann es, und Ihre Aufgabe besteht darin, Gott zu bitten, daß er Ihre Gefühle ändern soll. Dies ist noch ein Gebiet, in dem die regelmäßige Teilnahme am Abendmahl die Macht der Sünde bricht und den Gefangenen freisetzt.
- Während des Heilungsprozesses sollte zu einem bestimmten Zeitpunkt ein Bund mit Gott und dem anderen Partner geschlossen werden, daß die „Affäre" nie mehr erwähnt wird, und niemals benutzt wird, um falsches Verhalten zu entschuldigen, Selbstbedauern zu entlocken oder dem anderen eins auszuwischen. Dies ist der letzte Bogen der Brücke, der vernietet werden muß, um das Vertrauen wiederherzustellen.

Ich habe jetzt ausführlich über den schweren Teil gesprochen – die Desillusionierung und Hoffnungslosigkeit, die das zerstörte Vertrauen und die gebrochenen Träume begleiten, die durch Untreue in der Ehe verursacht werden. Es gibt aber noch eine andere Seite. Wenn solchen Situationen mit Mut, Sühne und Beichte begegnet wird, kann daraus die göttliche und menschliche Vergebung kommen, die in einer wundersamen Heilung resultiert. Wie ein verheilter Beinbruch können auch solche Ehen durch die heilende Gnade Gottes stärker denn je werden. Und die Eheträume können wieder hergestellt werden und heller denn je leuchten.

Geschiedene, die allein leben

Im vorangegangenen Kapitel haben wir uns über den Zusammenhang zwischen Alleinsein und Sexualität unterhalten und auch über die starke Versuchung, die emotionale Leere durch sexuelle Beziehungen zu füllen. Dieses Problem ist bei Geschiedenen noch stärker. Die meisten unter ihnen haben zumindest für eine gewisse Zeit die Freuden der ehelichen Liebe kennengelernt, und es ist schwer für sie, mit weniger „Gefühlsleben" zufrieden zu sein. Dieses Bedürfnis produziert zusammen mit den Schmerzen des Alleinseins einen starken inneren Wunsch nach Intimität. Weil viele Angst vor den Verpflichtungen einer längeren Beziehung haben, werden sie meist kurzfristige Beziehungen eingehen. Ich habe in verschiedenen Kirchen mit solchen Menschen zu tun gehabt, die in diese Falle gelaufen sind. Einige gerade Geschiedene sagten mir, daß es Männer gibt, die die Kirche als eine Art Single-Treff betrachten, „wo man Partner für gelegentlichen Sex findet." Viele, die als Single-Seelsorger arbeiten, bestätigten mir, daß das keine Übertreibung ist; sie müssen ständig darüber wachen, daß so etwas in ihrer Gruppe nicht vorkommt. Ich möchte ein paar Vorschläge für Geschiedene machen, denen der Traum der heiligen Sexualität wichtig ist.
– Halten Sie Ihr Herz frei von Bitterkeit und Groll. Gottes Wort warnt uns vor der bitteren Wurzel, die in unserem Herz wächst und „Unfrieden anrichtet" (Hebr. 12,15). Warum ich das zuerst nenne? Weil ärgerliche und haßerfüllte Gedanken über einen früheren Partner uns mit den falschen Gefühlen erfüllen können, um eine neue Beziehung einzugehen; dies gibt außerdem dem Teufel die Möglichkeit für sexuelle Versuchungen. Hier sind einige der bitteren Motive, die ich gehört habe: „Ich werd' ihm schon zeigen, daß es noch jemanden gibt, der mich attraktiv findet".

„Ich werde beweisen, daß es eine Frau gibt, die mich will." „Ich werde ihr/ihm schon beweisen, daß ich nicht so schlecht bin, wie sie/er denkt." „Ich werds ihm schon zeigen – er dachte, daß ich nie ohne ihn zurechtkommen würde!" „Durch sie fühlte ich mich total ungeliebt, aber sehen Sie mal all die Frauen, die mich wollen." In fast allen Fällen hat diese Verbitterung Öl auf die Flammen der Sexualität gegossen und zu einer oder sogar mehreren Affären geführt.

Wenn wir also über die Verletzungen und Ungerechtigkeiten einer zerbrochenen Ehe brüten, hält uns das in der Vergangenheit gefangen und raubt uns die geistige Energie und die klaren Gedanken, die wir so nötig brauchen, um mit der Gegenwart fertigzuwerden. Wir sind sprichwörtlich so „wütend, daß wir nicht mehr denken können" und kommen in ein irrationales und selbstzerstörerisches Verhalten. Ein späteres Kapitel in diesem Buch, „Den Traumzerstörern vergeben", möchte Ihnen helfen, die Gnade des Vergebens zu finden und das Herz frei von Haß und Bitterkeit zu bekommen.

– Konzentrieren Sie sich darauf, das erste Jahr „durchzuhalten"; es wird das schwierigste sein. Wie oft habe ich gehört: „Die ersten Monate waren die Hölle. Ich war nicht sicher, daß ich es durchhalten würde. Aber nach etwa einem Jahr lernte ich, damit fertig zu werden." Diese Geschiedenen beschreiben zunächst die Schmerzen der Einsamkeit und das angeknackste Selbstbewußtsein, aber oft auch den Kampf mit starken sexuellen Versuchungen.

Eine junge Geschiedene veranschaulichte es mir so, daß ich es nie vergaß: „Ich fühlte ein Loch in meinem Herzen, so groß wie der Grand Canyon, und ich war versucht, es auf irgendeine mir mögliche Weise zu stopfen."

Was für eine große Chance für die christlichen Gemeinden, solchen verletzten Menschen eine unterstützende Gemeinschaft zu sein! Ehepaare mit einer starken und gesunden Ehe, Senioren und andere müssen gebeten werden, die nötige emotionale, geistliche und oft auch finanzielle Hilfe zu geben, um Geschiedene, besonders in den ersten zwei Jahren, zu tragen. Außerdem muß die Gemeinde denjenigen, die erneut heiraten, spezielle Hilfestellungen geben, um sicher zu sein, daß sie eine wahre christliche Entscheidung treffen. Es ist eine Tragödie und Verkehrung der erlösenden Natur des Leibes Christi in der Welt, daß viele Kirchen nicht nur dies nicht tun, sondern diese Geschiedenen durch richtende und verdammende Haltungen aus der Gemeinde und in sündhafte Beziehungen treiben.

– Lassen Sie Ihre Träume durch Gottes Gnade neu formen. Niemand hat eine höhere Ansicht über die Ehe als Helen und ich. Um dieses hohe Ideal zu erhalten, haben wir uns ihm ohne Vorbehalte verschrieben. In den letzten Jahren haben wir über tausend Paare in „Ehe-Bereicherungs-Wochenenden" angeleitet und noch mehr verlobte Paare durch „Verlobungs-Entdeckungs-Wochenenden". Aber in einer gefallenen Welt und durch ein „böses und abtrünniges Geschlecht" (Mt. 12,39), das auseinanderbricht, haben wir festgestellt, daß unsere Gemeinde auch denjenigen, deren ursprüngliche Eheträume zunichte gemacht wurden, die Unterstützung nicht verwehren darf. Wenn alle Möglichkeiten der Versöhnung ausgeschöpft waren, haben wir geschiedenen Christen viele Stunden lang vorsichtig und im Gebet geholfen, die richtige Entscheidung für die Zukunft zu treffen. Zu diesem Zeitpunkt müssen sie ihre früheren Träume aufgeben und alle Schuld im Zusammenhang mit ihrer Niedergeschlagenheit am Kreuz niederlegen. Wenn dies geschieht, werden sie nicht länger unrealistischen Träumen und nicht zu verwirklichenden Möglichkeiten nachhängen. Weil sie für immer weg sind, müssen sie in die Hände des Einen losgelassen werden, der sich darauf spezialisiert, aus einer zweiten Chance etwas ganz Besonderes zu machen. Einer der wichtigsten Faktoren ist, den Geschiedenen bei der Erhaltung ihrer Vision der sexuellen Reinheit zu helfen, weil dies ein starkes Fundament für neue Träume bildet.

– Behalten Sie die Reinheit als Ihren Maßstab. William Barclay behauptet in seinen Kommentaren, daß der Standpunkt der Urkirche zur sexuellen Reinheit einen Gegensatz zu den moralischen Wertvorstellungen der damaligen Zeit darstellte, viele Menschen aus der ganzen Welt anzog, die etwas Besseres suchten. Ich glaube, das kann auch in unserer untergehenden Gesellschaft passieren, wenn die Gemeinde Jesu wieder die biblischen Maßstäbe hochhält und die Menschen herausfordert, den Preis der sexuellen Reinheit zu zahlen.

Wir müssen auch den biblischen Grundsatz der stärkenden Gnade für diejenigen erläutern, die diesem Maßstab nicht gerecht zu werden scheinen. Das tat auch Paulus. Nachdem er die schlimmsten sexuellen Verfehlungen aufgezählt hatte, sagte er: „Und solche sind einige von euch gewesen. Aber ihr seid reingewaschen, ihr seid geheiligt, ihr seid gerecht geworden durch den Namen des Herrn Jesus Christus und durch den Geist unseres Gottes." Schließlich erinnerte er sie daran, „daß euer Leib ein Tempel des heiligen Geistes ist, der in euch ist und den ihr von Gott habt, und daß ihr euch nicht selbst gehört" (1. Kor. 6,11.19).

Kapitel 6

Gefangene Träume

Wir wissen nicht, welche Gedanken Joseph an diesem schicksalhaften Tag durch den Kopf gingen. Innerhalb weniger Stunden wurde er beschuldigt, festgenommen und ins Gefängnis geworfen, nur weil er sich geweigert hatte, das Vertrauen seines Herrn zu enttäuschen und seine Vereinbarung mit Gott zu brechen. Er tat, was richtig war, aber es kam ganz falsch heraus. Gerade als er die Erfüllung seiner Träume sehen konnte, wurde er erneut in die Grube geworfen. Als die Gefängnistore ins Schloß fielen, muß er sich über den Gott gewundert haben, der ihn vor der Sünde bewahrte, aber nicht vor dem Leid. Wir erkennen die Hoffnungslosigkeit Josephs daran, daß er dem Mundschenk sagte: „Aber gedenke meiner, wenn's dir wohlgeht, und tu' Barmherzigkeit an mir, daß du dem Pharao von mir sagst und mich so aus diesem Haus bringst. Denn ich bin aus dem Lande der Hebräer heimlich gestohlen worden; und auch hier hab ich nichts getan, weswegen sie mich hätten ins Gefängnis setzen dürfen" (1. Mose 40,14.15).

Wußten Sie, daß davon noch später in der Heiligen Schrift berichtet wird? Der Psalmist erzählt die Geschichte nach:

> Und er ließ eine Hungersnot ins Land kommen
> und nahm weg allen Vorrat an Brot.
> Er sandte einen Mann vor ihnen hin;
> Joseph wurde als Knecht verkauft.
> Sie zwangen seine Füße in Fesseln,
> sein Leib mußte in Eisen liegen,
> bis sein Wort eintraf und die Rede des Herrn
> ihm recht gab.
> Da sandte der König hin und ließ ihn losgeben,
> der Herr über Völker, er gab ihn frei.

Er setzte ihn zum Herrn über sein Haus,
zum Herrscher über seine Güter,
daß er seine Fürsten unterweise nach seinem Willen
und seine Ältesten Weisheit lehrte.

(Psalm 105,16-22)

Auf die Probe stellen – das ist die richtige Bezeichnung für das, was mit Joseph in den nächsten Jahren passieren wird. Gott will *ihn und seine Träume im Kerker auf die Probe stellen.* Das ist die schlimmste Art, um auf die Probe gestellt zu werden, denn es ist eine Sache, wenn man schuldig ist, aber eine andere, wenn man unschuldig ist – und die eigene Reinheit diese Ungerechtigkeit hervorgerufen hat.

Lassen Sie uns bedenken, wie wir auf die Probe gestellt werden. Wenn wir das dann aus dem Blickwinkel Josephs im Gefängnis sehen, können wir die für uns wichtige Botschaft von Gott hören. Wenn Paulus darüber spricht, wie es unseren Vorfahren erging, versichert er uns, daß es richtig ist, dies so zu sehen: „Dies widerfuhr ihnen als ein Vorbild. Es ist aber geschrieben uns zur Warnung, auf die das Ende der Zeiten gekommen ist" (1. Kor. 10,11).

Der Kerker der Finsternis

Die Bibel spricht von verschiedenen Arten der Finsternis, die alle das Resultat von Sünde sind. Trotzdem ist es falsch, daraus zu schließen, daß alle Finsternis von Sünde hervorgerufen wird. Dies trifft nicht auf Josephs Finsternis zu und oft auch nicht auf unsere. Es gibt andere Arten, die Gott benutzt, um uns gehorsam zu machen. Hiob spricht davon, wenn er sagt: „Er hat meinen Weg vermauert, daß ich nicht hinüber kann, und hat Finsternis auf meinen Steig gelegt" (Hiob 19,8). Jeremia teilt sein Gefühl: „Ich bin der Mann, der Elend sehen muß... Er hat mich geführt und gehen lassen in die Finsternis und nicht ins Licht" (Klagel. 3,1-2). – Manchmal gibt es etwas, was wir als „Finsternis der Trockenheit" bezeichnen können. Das ist eine Finsternis, die manche Heilige als scheinbaren Entzug der Präsenz Gott in der Seele beschreiben. Es handelt sich um ein Gefühl von Gottesferne. Solche Zeiten der tiefen geistigen Trockenheit werden verschieden bezeichnet: „die lange, dunkle Nacht der Seele", „eine geistige Wüste", „die Wildnis der Seele". Gott will uns dadurch lehren, im *Glauben* zu wandeln und nicht durch das *Sehen* (2. Kor. 5,7). Schließlich verlangen unsere großen Gefühle nicht viel Vertrauen, und Gottes Freuden und Geschenke geben uns von selbst Auftrieb. Damit wir aber wachsen, erlaubt Gott den dürren Zeiten, uns zu lehren, auf ihn zu vertrauen, damit wir nicht nur die Geschenke, sondern auch den Schenkenden – Gott selbst – lieben. Wir werden lernen, Gott um seiner Selbst willen zu lieben und nicht um seiner Geschenke willen. A. W. Tozer schreibt in seinem Buch „Die Wurzel der Gerechten":

> Das Gefühl ist das Spiel der Emotionen über den Willen, eine Art von musikalischer Begleitung für das Geschäft des Lebens. Während es tatsächlich angenehm ist, daß eine Band auf unserem Weg nach Zion spielt, ist es jedoch keineswegs unabdingbar. Wir können ohne Musik arbeiten und marschieren, und wenn wir wirklichen Glauben haben, können wir sogar ohne Gefühle mit Gott gehen.

Die „Erziehung durch Trockenheit" lehrt uns, was nichts anderes im Plan Gottes uns so effektiv lehren kann: daß Gefühle kommen und gehen können, ohne unsere wirkliche Beziehung zu Gott zu verändern. Das ist jedem, der eine Zeitlang mit Gott gelebt hat, so ergangen. Aber wir leben in einer gefühlvollen Generation. Der Geist, der nach Helden in jeder Krise, nach literarischen Genüssen in jeder Zeitschrift und Besonderheiten in jedem Fernsehprogramm verlangt, hat uns Christen angesteckt. „Haben Sie heute schon Ihr Wunder erlebt?" Eine Zeit in der Dürre der Finsternis zu verbringen, mäßigt und stärkt unseren Glauben, damit wir ohne unterstützende Freuden glauben.

– Dann gibt es noch die „Finsternis des Dilemmas". Ich meine damit jene finsteren Momente im Leben, wenn wir redlich versuchen, Gottes Willen zu erkennen, ihn aber nicht entdecken können. Wir tappen im dunklen, was Gottes Weg für uns anbelangt oder was eine Entscheidung betrifft, die wir treffen müssen. Zeiten, in denen wir keinen Lichtblick sehen oder Antworten auf Fragen oder ein Öffnen von Türen. Vor vielen Jahren, als wir an einer kritischen Kreuzung in unserem Leben standen und eine schwierige Entscheidung zu fällen hatten, schickte uns jemand eine kleine Karte mit drei Zitaten darauf.

> Konfrontiert mit einer unausweichlichen Wahl,
> nicht wissend, was ich tun sollte,
> habe ich festgestellt, daß *gelassenes Warten auf Gott*
> niemals fehlschlägt, die Themen zu klären
> und mich genau zu dem führt, was ich tun soll.
> Erzbischof William Temple

An Führung hat es mir nie gemangelt — *nur an Gehorsam.*
Rufus Mosley
Wer *bereit ist, Gott zu gehorchen,* wird merken ...
Joh. 7,17 (Einheitsübersetzung)

Ich konnte die beiden ersten Zitate niemals überprüfen. Die Worte Jesu stehen in einem etwas anderen Zusammenhang — nämlich, die Wahrheit über seine Lehren zu „wissen". Die unterstrichenen Worte waren für unser Dilemma wichtig. Je genauer ich die Karte betrachtete, desto klarer wurde die Mitteilung. Jesus sagte nicht: „Wenn jeder ihm gehorcht", weil man nicht wissen kann, was dieser Wille ist. Vielmehr sagte er, wer „bereit ist", seinen Willen zu tun. Alles, was er verlangt, ist, daß wir unseren Willen dazu bringen, seinen Willen zu tun, und letztendlich wird Gott uns den Weg bereiten. Meine Gedanken und meine Willenskraft stellte ich mir als eine Tafel vor, auf die Gott seine Anordnungen schreiben wollte. Dies konnte er allerdings erst dann tun, als meine Gedanken frei von meinem eigenen Willen waren, damit ich alles deutlich sehen konnte, was er schreiben würde.

Ein bekannter Architekt erzählte von seiner Arbeit, Häuser zu entwerfen. Als Kunden kamen und ihn um das Entwerfen von Plänen baten, entdeckte er bald, daß die meisten schon Pläne für ihre Häuser gemacht hatten. Sie wollten also nur, daß er ihren Plänen zustimmte und den Reinentwurf für etwas zeichnete, das sie schon längst beschlossen hatten. Er wünschte sich, daß sie nicht mit vorgefaßten Meinungen zu ihm kämen, damit er ihnen zeigen könnte, was am besten für sie sei.

Während ich zuhörte, dachte ich, daß wir genauso sind, und wie oft Gott uns durch finstere Zeiten erziehen muß. Wenn das Dilemma dann so groß ist, daß wir unsere eigenen Pläne aufgeben müssen, warten wir darauf, daß er uns seinen Plan eingibt. Ein junger Pilot, der gerade seine Lizenz für ein Sportflugzeug gemacht hatte, flog an einem bewölkten Tag. Er hatte noch wenig Erfahrung im Landen mit Hilfe von Instrumenten. Als der Kontrollturm ihn für die Landung einweisen wollte, fielen ihm die Hügel, Lichtmasten und Gebäude in der Gegend ein, und er bekam Angst. Mit fester, aber ruhiger Stimme bekam er den Befehl: „Sie befolgen nur die Anweisungen, wir passen auf die Hindernisse auf."

Ja, sobald jemand seine Gedanken auf den Gehorsam dem Willen Gottes gegenüber setzt, wird er mit den Hindernissen fertig. Gott wird sich um die Finsternis kümmern und sie in Licht verwandeln.

Die Finsternis aus dem Herzen fernhalten

Joseph saß im Kerker der Finsternis, der sich leicht in einen Kerker der Hoffnungslosigkeit und Depression hätte verwandeln können. Ich erinnere mich daran, wie jemand eine Frau beschrieb, die eine schlimme Zeit hinter sich hatte. Sie sagten, es sei, als ob die Dunkelheit in ihr Herz eingedrungen wäre und ihre Augen verfinstert hätte. Dies ist eines der größten Geheimnisse in Josephs Leben — die Finsternis, die ihn in der Zelle umgab, konnte nicht in sein Herz eindringen. Das Licht des Traumes brannte hell und klar in seinem Inneren.

Charles Colson beschreibt in einem seiner Bücher seine Beteiligung an der Watergate-Affäre, seine darauffolgende Bekehrung und dann seine sieben Monate im Gefängnis. Er beschreibt seinen Kampf, während dieser Zeit des Eingesperrtseins den Glauben nicht daranzugeben. Er sah einige der stärksten Männer aufgeben. Einige schliefen jede freie Minute, um aus der Realität zu flüchten. Andere zogen sich in sich selbst zurück, und ihre Körper folgten ihrem Geist, grübelnd und durchhängend, bis sie gebeugt waren und durch das Gefängnis schlurften. Sie degenerierten körperlich und geistig. Nur durch stärkste Entschlossenheit konnte Colson ein ähnliches Verhalten vermeiden — durch strenge körperliche Disziplin, wie etwa regelmäßiges Trainieren und feste Ruhezeiten und durch seine stets auf Gott gerichteten Gedanken sowie regelmäßiges Bibelstudium und Gebet. Nur durch diese strenge Ordnung war er in der Lage, das Gefängnis nicht in sein Inneres zu lassen.

Bedenken wir die einfache, aber wichtige Lektion, die Gott uns mit all dem erteilen möchte. Das Leben besteht niemals aus nur drei Dimensionen: *Raum, Zeit* und *Ereignissen*. Es gibt immer eine *vierte: unsere Antwort* auf die drei Dimensionen. Nicht *was* passiert, und *wo* und *wann*, sondern *wie wir* auf das, was passiert, *antworten*. Daher kommt das Wort *Verantwortung: unsere Fähigkeit zu antworten*. Ein kleines Gedicht, das ich in der Schule lernte, sagte es kurz und bündig:

> Zwei Männer schauten aus Gefängnisgittern.
> Der eine sah Schmutz, der andere Sterne.

Joseph war im Kerker, aber er ließ den Kerker nie in sich hinein. Stellen Sie sich vor, was er über seine Brüder gedacht haben könnte. Sie waren die wahren Verursacher dieser Verkettung von Ereignissen. Wie leicht hätte er ein Opfer des Selbstmitleids und Grolls sein können. Oder er hätte über die unglaubliche Ungerechtigkeit nachdenken können, die die

Lügen und Verleumdungen von Potiphars Frau darstellten. Aber wenn er das getan hätte, wäre die Finsternis des Kerkers in ihn hineingekrochen und hätte sich langsam in die Finsternis der Hoffnungslosigkeit und Depression verkehrt. Eine der Hauptursachen für Depressionen sind verdrängter, schwellender Zorn. Joseph hielt statt dessen sein Herz rein und sein Gewissen sauber. Obwohl er im Gefängnis war, *ließ er sich nie zum Gefangenen des Zynismus und der Bitterkeit machen.* Noch einmal: „Der Herr war mit ihm" und hielt seinen Geist frei, indem er sein Herz reinhielt.

Kurze Zeit später passierte im Gefängnis, was schon in Potiphars Haus geschehen war. Joseph erwies sich auch zwischen schmutzigem Verrat und grausamem Gefängnisleben als ein Mensch der Integrität. Lange bevor er Assistent des Aufsehers wurde, leitete er die Alltagsgeschäfte des Gefängnisses. Es ist erstaunlich, wie Josephs Träume wahr wurden. Wieder einmal beugten sich die Garben vor seiner Garbe, und er hatte eine Position mit Autorität und Führungsverantwortung.

Eines Tages wurden der Mundschenk und der Bäcker des Königs in dasselbe Gefängnis geworfen. Weil sie wichtige Mitglieder des Palastpersonals waren, wurden sie Josephs Aufsicht unterstellt. Eines Nachts hatten beide Männer beunruhigende Träume: „Als nun am Morgen Joseph zu ihnen hineinkam und sah, daß sie traurig waren, fragte er sie und sprach: Warum seid ihr so traurig?" (1. Mose 40,6-7). Trotz seiner eigenen Probleme und seines ungerechten Leidens hatte Joseph sein Mitgefühl nicht verloren. Durch Leid ziehen wir uns oft in uns selbst zurück, sind von unserem eigenen Schmerz so gefangengenommen, daß wir für die Verletzungen anderer nicht mehr sensibel sind. Nur wenn wir Selbstmitleid und Bitterkeit aus unseren Herzen fernhalten, werden wir empfindsam für den Schmerz anderer bleiben. Sobald Joseph die beiden Männer sah, spürte er, daß etwas nicht in Ordnung war und bot sich als Zuhörer an.

Colson erzählt in seinem Buch, daß ihm ein Mitgefangener ganz zu Anfang den Tip gab: „Kümmere dich um deinen eigenen Kram. Laß dich in nichts hineinziehen." Colson bemerkte, daß der Mann sich völlig von der Realität entfernt hatte und fast schizoid war. Colson war deshalb noch überzeugter davon, sich hineinziehen zu lassen, zuzuhören und zu versuchen, den anderen zu helfen.

Mitfühlend hörte sich Joseph die beunruhigenden Träume der Männer an. Dann interpretierte er die Träume der Männer mit Hinweis auf Gott. Es geschah alles so, wie er es vorausgesagt hatte. Innerhalb von zwei Tagen wurden beide freigelassen; der Bäcker, um gehängt zu werden und der Mundschenk, um in seine frühere Position eingesetzt zu werden. An diesem Vorfall erkennen wir nicht nur Josephs Mitgefühl, sondern seine Menschlichkeit. Man kann fast das Zittern in seiner Stimme hören, als er den Mundschenk bittet: „Aber gedenke meiner, wenn's dir wohlgeht, und tu' Barmherzigkeit an mir, daß du dem Pharao von mir sagst und mich so aus diesem Haus bringst ... und auch hier hab ich nichts getan, weswegen sie mich hätten ins Gefängnis setzen dürfen" (1. Mose 40,14.15). Welch wehmütiges Flehen! „Ich bin unschuldig, ich gehöre hier nicht mehr hin als du. Bitte, könntest du nicht ein gutes Wort für mich beim König einlegen?"

Und was passierte? War der Mundschenk so voller Dankbarkeit, daß er alles tat, um Gnade für Joseph zu erlangen? Überhaupt nicht! Jetzt wird Joseph zum dritten Mal in die Grube geworfen — diesmal durch einen gedankenlosen und undankbaren Beamten.

Der Kerker der Enttäuschung

Also bleibt Joseph im Gefängnis. Zuerst ist er sehr hoffnungsvoll. Als aber aus Tagen Monate werden, schwant ihm die Wahrheit! „Aber der oberste Schenk dachte nicht an Joseph, sondern vergaß ihn" (1. Mose 40,23). Nun ist die Finsternis dieses Kerkers „schwärzer als tausend Nächte in einem Zypressenstumpf", wie James Weldon Johnson einmal sagte.

Der große britische Essayist Frank W. Boreham erzählt von den ersten Forschern in Australien, die von Hamilton Hume angeführt wurden. Als sie eine Gruppe Forschungsreisender von Sydney nach Melbourne begleiten, kamen sie in eine große Krise. Sie erreichten eine Bergkette, die jetzt unter dem Namen Hume Range bekannt ist. Total ausgelaugt, bat die Gruppe darum, aufgeben zu dürfen und nach Hause zurückzukehren. Hume deutete auf einen Berg vor ihnen und sagte: „Nein, den müssen wir besteigen. Ich bin mir sicher, daß wir vom Gipfel aus den Ozean sehen werden. Dann können wir zurückgehen und den anderen von unserem Erfolg berichten." Nach einem verzweifelten Kampf stiegen sie auf den Berg. Doch stellen Sie sich ihre Verzweiflung vor, als sie den Gipfel erreichten und über viele Meilen hinweg nur Schluchten und Hügelketten sahen! Das Ziel, daß sie sich erträumt hatten, war nicht einmal in Sicht. Es ist ihr ewiger Verdienst, daß sie weitergingen und schließlich ankamen. Sie nannten den Berg „Mount Disappointment" (Berg der Enttäuschung)!

Wir alle haben das schon einmal erlebt. Wir kennen das Gefühl, das Enttäuschung in der Magengrube hervorruft. Lassen Sie mich die Geschichte unseres persönlichen Dotans, die im dritten Kapitel begann, weitererzählen. Die Wochen, die dem plötzlichen Tod unseres Sohnes folgten, waren finster und leer. Dann sahen wir langsam, wie Gott auch solch ein traumatisches Ereignis benutzen kann. Obwohl ich in Indien geboren war, als Kind in derselben Stadt aufgewachsen war und die Lokalsprache akzentfrei sprechen konnte, waren Wände zwischen den Dorfbewohnern und uns. Durch den Verlust unseres Sohnes waren wir einer von ihnen geworden, weil fast jede Familie in unserer Nachbarschaft mindestens ein Kind verloren hatte. Wir waren nicht länger die himmlischen Botschafter, die von den Sorgen des Lebens befreit waren. Alte Mauern brachen ein, und Türen öffneten sich. Als ein Jahr später unser zweiter Sohn, Stephen, geboren wurde, teilten unsere indischen Freunde unsere Aufregung und Freude.

Während dieser Zeit schüttete Gott buchstäblich seinen Heiligen Geist über uns aus. Die große Erweckung, die in der Gemeinde in Bidar begann, breitete sich über das gesamte Gebiet aus. Laien, die erfüllt waren mit Freude und Eifer, gingen in die verschiedenen Dörfer und legten vor ihren unerreichten Verwandten und Nachbarn Zeugnis ab. Wegen des Kastensystems und dessen einzigartiger soziologischer Struktur treffen die Bewohner der Landregionen Indiens selten individuelle Entscheidungen. Statt dessen treffen sie Entscheidungen als ganze Haushalte oder Kasten. So wurde jeder, der sich im Dorf zum Christentum bekannte und einer bestimmten Gruppe angehörte, nach einer Zeit der sorgfältigen Anleitung und Prüfung getauft. So begann eine wahre „Massenbewegung" in unserer Gegend. Einige Jahre lang durften wir über 3000 Christen jährlich taufen!

Zur gleichen Zeit geschah, was einige als „glorreiche Epidemie" bezeichneten – ländliche Gemeinden bauten sich selbst Kirchen. Der Garten und die Garage unseres Hauses wurden zu einer kleinen Fabrik, die Dachbalken, Fenster und Türen für diese Gebäude lieferte. Mehrere Jahre lang wurde im Schnitt eine Kirche pro Monat fertiggestellt. Während die Kosten für ein festes Dach und gelernte Handwerker von Freunden in den USA getragen wurden, wurden das Land, die Baumaterialien und die Arbeit *unter großen Opfern* von den Leuten selbst erbracht. 1954 war aus der zentralen Schule ein großes Gymnasium geworden, die Krankenhäuser waren überfüllt, und ein ganz neuer Kirchenbezirk war wegen des anhaltenden Wachstums der Gemeinde gegründet worden.

Natürlich blieb das, was bei uns geschah, auch in unserer Heimatgemeinde nicht unentdeckt. Eines Tages erzählte ich Helen von meinem Traum und sagte aufgeregt: „Weißt du was? Ich möchte mindestens 25 Jahre hier bleiben und mindestens 100 Kirchen bauen!" Helen teilte mit mir die Freude über diesen Traum. Sie war in der Arbeit sehr glücklich, und als Frau und Mutter besonders von dem wunderschönen neuen Haus angetan, das unsere Missionsgesellschaft für uns gebaut hatte. Es lag auf einer leichten Anhöhe und bot eine wunderbare Aussicht.

Wir waren darüber so „aus dem Häuschen", daß wir die sich nahenden Wolken nicht bemerkten. Das rasche Wachstum unserer Gemeinde war auch weniger freundlichen Menschen nicht verborgen geblieben. Es war darüber in einigen staatlichen Zeitungen berichtet und im Parlament in Neu Delhi diskutiert worden. Ein politischer Faktor spielte eine große Rolle in dem, was passieren würde.

Wir waren in Bidar zuhause, einem Teil des Staates Haiderabad, dem größten und mächtigsten aller fürstlichen „Heimatstaaten", aus denen Britisch-Indien zusammengesetzt war. Obwohl die 20 Millionen Einwohner zum Großteil Hindus waren, war ihr Nizam (Maharadscha) ein fanatischer schiitischer Moslem, dessen Dynastie die Gegend seit Jahrhunderten regierte. Als Indien 1947 ein unabhängiges Land wurde, war Haiderabad der *einzige* Staat, der seine eigene Unabhängigkeit erklärte und sich weigerte, Mitglied der indischen Union zu werden. Nachdem Indien durch friedliche Verhandlungen versucht hatte, den Konflikt beizulegen, sandte es schließlich seine Armee aus und machte diesen Staat zum Teil einer neuen Nation.

Während dieses kurzen, aber sehr heftigen Fünftagekrieges im September 1947, hatten ein anderer Missionar und ich durch die unglaubliche Vorsehung Gottes unsere Stadt der indischen Armee übergeben. Es war äußerst lächerlich — zwei amerikanische Missionare und ein Oberst der indischen Armee fuhren in einem 20 Jahre alten Ambulanzfahrzeug, auf dem „Methodist Mission, Sunshine Dispensary" (Methodistenmission, Sonnenschein-Apotheke) geschrieben stand! Uns folgten leichte Shermanpanzer und Kanonenträger aus dem Zweiten Weltkrieg, und ein Zug von Lastern, auf denen schwer bewaffnete Soldaten waren! Lächerlich, aber wichtig, denn die militärisch wichtigste Stadt, Bidar, wurde friedlich eingenommen und viele Leben wurden verschont. Der befehlshabende General der Armee dankte uns später offiziell.

Es gab aber auch andere Leute in der Hindubevölkerung, die uns das selbst nach etlichen Jahren nicht verziehen. Wir hatten sie daran gehindert, sich an den Moslems der Stadt für eine jahrhundertelange tyrannische Unterdrückung, unter der sie gelitten hatten, zu rächen.

Anfang 1955 kooperierten einige militante Hindus mit anderen Feinden der Kirche und lösten den Sturm aus, der schließlich über uns hereinbrach. Ich wurde fälschlicherweise beschuldigt, jemanden „gekidnappt zu haben und gewaltsam festzuhalten". Dies führte zu meiner Verhaftung und Freilassung gegen Kaution. Meine Moral wurde in Frage gestellt, und falsche Zeugen unterstützten die Anschuldigungen. Der vielleicht traumatischste Moment fand eines Morgens statt, als ich ein totes Baby an unserer Haustür fand. Die Polizei fand heraus, daß es aus seinem Grab ausgegraben und an unsere Tür gelegt worden war. Der größte Schlag kam, als einer der Hindus, die am zornigsten über unsere Rolle in dem militärischen Vorfall gewesen war, Chef der Regierungsabteilung wurde, die für die Aufenthaltsgenehmigungen der Missionare zuständig war. Wir waren dankbar, daß wir in Indien bleiben durften, mußten aber unser geliebtes Bidar verlassen. Tausende von Christen gaben uns einen unvergeßlichen Abschied und weinten mit uns an diesem hoffnungslos finsteren Tag.

Es gab keine ähnliche Missionsstation, auf die wir hätten gehen können. So landete ich in der Innenstadt Bombays, wo ich die nächsten zehn Monate hinter einem Schreibtisch saß – als stellvertretender Finanzabteilungsleiter unserer Hauptstelle. Die großen Vorlieben meines Lebens – im Jeep umherzufahren, predigen, beten, evangelisieren, taufen, Gemeinden gründen und Kirchen bauen – wurden mir grausam entrissen und hinterließen ein tiefes Loch in meinem Herzen. Ich stand am Balkon unseres Appartments im siebten Stock und rief aus: „Gott, warum hast du mich verlassen?" Es war der Kerker der Enttäuschung, denn unsere Träume waren zerstört worden.

Gibt es etwas Schlimmeres, als von anderen Menschen enttäuscht zu werden? Besonders, wenn durch deren Handlungen die eigenen Pläne und Träume zerstört wurden? Wie kann es Gottes Plan sein, daß er so etwas zuläßt? Will er uns damit zeigen, daß wir uns ganz auf ihn verlassen sollen – und nicht auf Menschen? Das kann auf viele Arten geschehen.

Es gibt Enttäuschungen in *Freundschaft und Liebe*. Viele junge Leute, die bei mir in der Seelsorge waren, glauben, daß jede neue Romanze wie ein Vorhang des Lebens ist, der aufgeht; und jede zerbrochene wie ein Vorhang, der auf ewig geschlossen bleibt. Dies gilt auch für die Beziehung innerhalb der *Ehe*. Männer oder Frauen können von ihren Partnern zu abhängig werden, was Glücklichsein und Erfüllung betrifft.

Auch Eltern können in die Falle der vereinnahmenden und besitzergreifenden Beziehung zu ihren Kindern treten. Unser Problem ist, daß einige unter uns darüber hinausgehen, jemanden einfach zu *wollen*. Wir stecken in der tiefen Gefahr, die Person zu *verehren* und damit auf unseren Herzensthron zu setzen, der nur für Gott bestimmt ist. Oft läßt uns Gott eine gewisse Zeit im Kerker der Enttäuschung verbringen, um uns aus den Wirren der abgöttischen Beziehungen zu Personen oder Plänen, Besitztümern oder Orten zu befreien.

Wenn ich auf die Zeit zurückblicke, die wir im finsteren Kerker der Enttäuschung verbrachten, kann ich Gott jetzt für seine unerschütterliche Liebe dankbar sein. Denn seine Agape-Liebe wünscht immer das Beste für den Geliebten. Wenn die Dinge so weitergegangen wären wie bisher, hätte ich mich wohl selbst zerstört. *Ich ertrank in meinen Erfolgsstatistiken, ohne es zu merken.* Aber am meisten war ich in meiner Geschäftigkeit gefangen. Gott mußte die vielen Hohlstellen in meiner Seele ausfüllen. Er mußte meine vielen „angeschlagenen Gefühle" heilen – und damals hätte ich keines dieser Gefühle erkannt, selbst wenn ich ihm auf der Straße begegnet wäre. Ich war mir meiner emotionalen und geistlichen Bedürfnisse gar nicht bewußt, geschweige denn ausgestattet, um anderen bei den ihrigen zu helfen. Helen und ich mußten auch an vielen Dingen in unserer Ehe arbeiten. Wir waren entgegengesetzte Pole, die Gott zu einer Einheit machen wollte, damit wir in den folgenden Jahren Hunderten von verletzten Paaren helfen konnten. Dies alles wäre nicht geschehen, wenn Gott unseren Traum nicht hätte testen und scheitern lassen, damit er ihn durch einen ganz neuen Traum ersetzen konnte. Der Autor des Hebräerbriefes spricht davon, daß Gott uns etwas „Größeres" und „Besseres" in Christus schenkte und nennt das göttliche Prinzip, das wir durch unsere Enttäuschungen lernen: „Da hebt er das erste heraus, damit er das zweite einsetzte" (Hebr. 10). Wir haben festgestellt, daß die bekannten Zeilen eines einfachen Gedichts auf uns zutreffen.

Enttäuschung ... Gottes Berufung.
Ich erkenne, daß Gott durch die Vereitelung meiner
Ziele eine bessere Wahl für mich trifft.
Seine Berufung muß Segen bringen.
Obwohl er versteckt kommen kann,
denn das Ende des Anfangs
liegt offen in Gottes weiser Hand.

Der Kerker der Verzögerungen

Ein Jahr vergeht, und Joseph ist immer noch im Gefängnis. Noch ein weiteres Jahr, und Joseph ist nun schon 30 Jahre alt. 13 Jahre ist es her, seit der 17jährige Träumer fortging, um seine Brüder zu besuchen. Wo sind seine Träume jetzt? Und der Gott, der ihm die Träume schenkte? Oh, unser Kleinglauben, wir stellen immer noch die gleichen Fragen, nicht wahr? Gott wird uns bald eine Antwort darauf geben, aber erst möchte er uns über den Kerker der Verzögerungen aufklären.

Der Grund ist, daß Gott uns auf *seinen göttlichen Zeitplan* einstimmen möchte. Oft kann er dies nicht tun, ohne uns durch die *Disziplin der Verzögerung und der Umwege* zu schicken. Durch Erfahrungen des *ungewollten und gezwungenen* Wartens möchte Gott, daß wir uns auf ihn verlassen lernen. In der Hetze und dem Druck des Lebens – die Arbeit im Reiche Gottes eingeschlossen – hat die *Aktivität* die *Empfänglichkeit* ersetzt, und wenige unter uns verbringen genug Zeit damit, auf den Herrn zu warten.

Jemand hat einmal gesagt, daß die Christen in den letzten 50 Jahren drei Phasen durchlaufen haben. Zuerst kam die „Heiliger-als-Du"-Phase mit einer Überbetonung von Gesetzlichkeit und persönlicher Heiligkeit, was in Richtung Pharisäertum ging. Danach verkehrte es sich genau ins Gegenteil, das „Schuldiger-als-Du"; im Namen der erhabenen Gerechtigkeit allein durch den Glauben wurden wir sorglos gegenüber einer persönlichen Ethik. Jetzt befinden wir uns im schlimmsten Stadium – „Geschäftiger-als-Du", in dem wir unser Christsein an unseren Aktivitäten, den Ergebnissen und Statistiken messen.

Deshalb läßt Gott oft Situationen zu, in denen wir gezwungen sind, auf ihn zu warten. Zum Beispiel *Krankheiten*. Wenn wir krank im Bett liegen, sind wir gezwungen, auf Gott zu blicken. Immer wieder habe ich Menschen nach ernsten Operationen oder einer langen Zeit der Genesung sagen hören: „Ich hätte es mir niemals gewünscht, und ich möchte es gewiß nicht noch einmal durchmachen, aber ich bin Gott sehr dankbar für all die Dinge, die er mich in dieser Zeit gelehrt hat."

Eine andere große Unterbrechung im Leben ist eine *ungeplante Schwangerschaft*. Etliche verzweifelte Ehefrauen haben um Hilfe gebeten und sagten mit Tränen der Bitterkeit: „Ich verstehe nicht, *wie* das passieren konnte. Wir haben alles getan, um das zu verhindern. Ich kann überhaupt nicht verstehen, *warum* Gott das gerade jetzt zugelassen hat. Unsere anderen Kinder sind gerade in dem Alter, wo ich die Möglichkeit habe, etwas freier zu sein, um..." Und dann erzählten sie von ihren Plänen, ein Studium abzuschließen, oder einen Job anzutreten, der ihnen die Möglichkeit gäbe, ohne finanzielle Sorgen zu leben, oder zusammen mit ihrem Mann eine christliche Arbeit zu beginnen. Unterschätzen Sie nicht den emotionalen und geistigen Kampf, in den dieser ungewählte Kerker der Verzögerung selbst die besten Frauen bringen kann. Jedoch sehen wir hier den großen Unterschied zwischen den Abtreibungsbefürwortern und Abtreibungsgegnern. Die Befürworter verstehen Gottes Versprechen der „ausreichenden Gnade" nicht. Bei Christen gibt es sicher viele ungeplante Schwangerschaften, aber wenig ungewollte Kinder. Jahre später erzählen dieselben Frauen stolz und freudig von diesen Kindern und berichten, auf welch wunderbare Art und Weise Gott diese Jahre benutzt hat, um sie zu einer tiefen Vertrautheit mit ihm zu bringen.

Unterbrochene Träume müssen keine zerbrochenen Träume sein, die *aufgegeben* werden sollen. Sie sind nur *verzögerte* Träume, die *aufgeschoben* werden müssen. Denken Sie daran: Von Gott gegebene Träume halten sich im „Gefrierschrank der Annahme", vorausgesetzt, man hält jegliche Hitzezufuhr in Form von Groll fern. Später kann man sie dann im Mikrowellenherd der neuen Hoffnung und Entschlossenheit auftauen.

Gott hielt Joseph fest. Er tat das, was die Heiligen als „die nächstliegende Arbeit" bezeichneten. Sie meinten damit, daß wir während unseres Wartens gute und treue Diener der Aufgaben sein sollen, die uns gegeben worden sind. Josephs Traum von einer schnellen Entlassung erfüllte sich nicht. Der undankbare Mundschenk hatte ihn weiterhin vergessen. Aber Joseph blieb, ohne Bitterkeit oder Zynismus, der treue Assistent des Gefängnisaufsehers.

Endlich, *„und nach zwei Jahren* hatte der Pharao einen Traum" (1. Mose 41,1). Er träumte sogar zweimal in derselben Nacht, einmal von sieben mageren Kühen, die sieben fette fraßen, und einmal, daß sieben dünne Ähren sieben volle und dicke Ähren verschlangen. Er träumte so lebhaft, daß ihm die Bilder am nächsten Morgen nicht aus dem Kopf gingen. Deshalb rief er alle Wahrsager und Weisen zu sich, aber sie konnten die Bedeutung dieser seltsamen Träume nicht entschlüsseln.

Können Sie sich die Atmosphäre im Palast vorstellen — jeder auf Zehenspitzen gehend, um keinen Lärm zu machen? Auch der Mundschenk hörte von den Träumen, als er fragte, warum der König keinen Appetit hatte. Dann schüttelte er beschämt seinen Kopf und bekannte: „Ich muß heute an meine Sünden denken" (41,9). Er erzählte dem Pharao von seinem Traum und dem des Bäckers, als sie im Gefängnis waren, und daß alles genauso geschehen war, wie dieser es vorhergesagt hatte (41,10-13).

Nun wird uns der Grund der Verzögerung klar. Hätte der Mundschenk dem Pharao gleich nach seiner Entlassung von Joseph erzählt, hätte der Pharao wahrscheinlich „So, so" gemurmelt und weitergegessen. Aber jetzt, zwei Jahre später, ging der Pharao sofort darauf ein, weil er verzweifelt jemanden wie Joseph suchte. Der nächste Vers ist spannend: Der Pharao ließ Joseph rufen, und „sie ließen ihn eilends aus dem Gefängnis" (41,14). Die Disziplinierung durch Verzögerung war vorüber, der Umweg beendet. Joseph war jetzt auf Gottes Überholspur! Was machte er? Eilte zum König und erzählte ihm alles, was er wußte? Nein, er hatte viel durch seine Disziplinierung gelernt — vor allem, *sich selbst zu disziplinieren*. „Und er ließ sich scheren und zog andere Kleider an und kam hinein zum Pharao" (41,14). Gibt es einen größeren Beweis, daß Josephs Geist nicht gebrochen worden war, während er in einem schmutzigen Gefängnis saß, umgeben von bösartigen Fremden und vergessen von undankbaren Freunden! Weil er seine Selbstachtung und sein Selbstbewußtsein erhalten hatte, wollte er Körper und Kleidung genauso sauber wie seine Seele haben. Er wußte, daß er sich vorbereiten mußte, um mit dem König zu sprechen. Und um Gott vor dem Pharao zu repräsentieren, mußte er ein geeigneter Repräsentant sein. Im Leben ist es meistens so, daß sich Inneres und Äußeres entsprechen. Joseph war Gott in kleinen Dingen gehorsam gewesen; jetzt sollte er zum Herrscher über große Dinge gemacht werden. Gott hatte Joseph in Potiphars Haus gebracht, aber um seine Träume zu erfüllen, mußte er ihn in den Palast des Pharaos bringen. Und deswegen waren die Verzögerungen und der Umweg über das Gefängnis notwendig gewesen.

Nach unserer Zeit in Bombay waren wir immer noch im unklaren über unseren Missionsdienst. Für kurze Zeit gingen wir auf eine andere ländliche Missionsstation, und es sah so aus, als ob ich meine evangelistische Arbeit fortsetzen würde. Unglücklicherweise war es gerade Monsunzeit, und in jenem Jahr gab es Rekordmengen an Regen — den schlimmsten, den wir je erlebt hatten. Meinen Jeep konnte ich trotz Vorderradantrieb kaum aus der Ausfahrt bringen, geschweige denn durch irgendwelche unpassierbaren Dorfstraßen steuern. Die Gegend war ein Meer aus Schlamm. Eines Tages, als ich aus dem Fenster schaute, fühlte ich mich wie in einem Kerker der Finsternis, Verzweiflung, Enttäuschung und Verzögerung, eingewickelt in eine kalte und nasse Decke. In meiner Seele begann ich wieder mal eine Diskussion mit Gott. Merkte er nicht, was dies alles mir antat? „Ich — David Seamands, kann nichts tun. Meine vielen Begabungen werden in diesem zugewachsenen, schlammigen Dorf verschwendet." Da hörte ich die kristallklare Stimme des Heiligen Geistes sagen: „David, denk' an die Arbeitsteilung. Wenn es mein Wille ist, daß du den Rest deines Lebens in diesem zugewachsenen, schlammigen Dorf verbringst, dann ist das meine Sache, nicht deine. Deine Sache ist, in die Tiefe zu gehen, so tief du kannst. Du kümmerst dich um die Tiefe und ich mich um Länge und Breite." Ich kann es nicht erklären, aber etwas in mir hatte es begriffen, zum ersten Mal seit dem düsteren Tag in Bidar. Das war Gottes Weg, meinen Traum zurückzubringen und neu zu gestalten.

Es regnete die nächsten zwei Monate, was heftige Überflutungen in den sonst trockenen Gebieten verursachte. In dieser Zeit studierte ich die Bibel und las außerdem noch 50 Bücher. Ich verdaute sie und sortierte die Inhalte, und Gott gab mir viele wunderbare Ideen, die ich in Zukunft brauchen würde. Kurze Zeit später wurden wir nämlich in eine große Innenstadtpfarrei in Bangalore geschickt, wo wir sechs Jahre verbrachten. Dann ging es zurück in die USA nach Wilmore in Kentucky und ans Asbury College und Seminar. Wir wußten nicht, daß Gott die gesamte Richtung unseres Lebens verändern würde – wie auch den Inhalt unseres Traumes. Aber heute wissen wir, daß alles ein wichtiger Teil in seiner Disziplinierung durch Verzögerung und Umwege war.

Kapitel 7

Gottes Übersetzer

Schließlich und endlich war Joseph ein freier Mann. Aber das Hochgefühl des Augenblicks wurde durch die gefährliche Tatsache getrübt, daß er jetzt vor der höchsten Autorität des Landes stand — dem Pharao, der die Macht über Tod und Leben besaß. Nur ein wirklich reifer und gotterfüllter Mensch konnte mit dem Rausch und der Ambivalenz eines solchen Augenblicks zurechtkommen. Nirgendwo sehen wir diese Qualitäten bei Joseph offensichtlicher als nach den schmeichelnden Worten des Pharaos: „Ich habe einen Traum gehabt, und es ist niemand, der ihn deuten kann. Ich habe aber von dir sagen hören, wenn du einen Traum hörst, so kannst du ihn deuten." Joseph antwortete: „Das steht nicht bei mir; Gott wird jedoch dem Pharao Gutes verkünden" (1. Mose 41,15-16). Josephs bescheidene Antwort muß einen guten Eindruck beim Pharao gemacht haben, denn dieser begann sofort, ihm alle Details der beiden Träume zu erzählen.

Der berühmte König von Siam soll oft gesagt haben: „Es ist verblüffend." Nein, nicht die Träume, sondern die Tatsache, daß weder die Wahrsager noch die Weisen sie interpretieren konnten, obwohl die Träume so durch und durch ägyptisch waren. Kein Land war so von einem Fluß abhängig, wie Ägypten. Zu Recht wird es als „das Geschenk des Nils" bezeichnet. Aus dem Nil kommen entweder die guten oder die schlechten Jahre, die fetten oder die mageren Kühe, die vollen oder die dürren Ähren. Damals, lange vor dem Bau des Assuan-Staudamms, waren die Ägypter abhängig von dem jährlichen Ansteigen des Flusses und seinem Überlaufen, damit die Felder bewässert und ihr Vieh getränkt werden konnte — die Grundstoffe des Lebens selbst.

Eine alte ägyptische Legende veranschaulicht diesen Punkt. Vor langer Zeit beschlossen die Götter, alle Flüsse der Welt zusammenzurufen, um festzustellen, welcher der größte unter ihnen sei. Tigris-Euphrat sagte, er sei die Wiege der Schöpfung und der Zivilisation gewesen. Der Ganges aus Indien sagte, er sei bei weitem der heiligste – die Menschen würden weite Strecken zurücklegen, um sich in ihm von ihren Sünden reinzuwaschen. Jeder machte seinen Anspruch geltend, bis nur noch der Nil übrigblieb. Er schien zu zögern, denn er hatte nichts, wodurch er sich von den anderen unterschied. Von den Göttern gedrängt, sagte er schließlich: „Das einzige, was ich mache, ist, daß ich zweimal im Jahr über die Ufer trete." Die Legende sagt, daß die Götter, nachdem sie dies gehört hatten, ihn zum größten Fluß ernannten, da er den meisten Menschen Leben schenkte.

Die Ägypter beteten den Fluß an. Sie verehrten auch die Kuh als Symbol der Fruchtbarkeit in der Natur. Wenn also Gott dem Pharao zeigen wollte, daß sieben reiche Jahre bevorstanden, hätte er keine deutlichere Traumsymbolik finden können, als die der sieben fetten Kühe, die aus dem Fluß kamen, um am Ufer zu weiden. Der Pharao, der oft selbst am Fluß gewesen war, um Opfer darzubringen, müßte den Traum ohne die Hilfe der Weisen verstanden haben. Ich denke, was den Pharao besorgte und auch die Wahrsager davon abhielt, den Traum zu interpretieren, war die schauerliche Vorahnung, die jetzt folgte: sieben dünne, bis auf die Knochen abgemagerte Kühe kamen aus dem Nil, „sieben dürre, sehr häßliche und magere Kühe ... Ich habe in ganz Ägyptenland nicht so häßliche gesehen" (41,19). Der Traum wurde aber noch erschreckender, nachdem sie die fetten Kühe aufgefressen hatten, „merkte man's ihnen nicht an, daß sie die gefressen hatten, und waren häßlich wie zuvor" (41,20). Der zweite Traum war ähnlich: „Und die sieben dünnen Ähren verschlangen die sieben dicken Ähren" (41,24).

Ich vermute, daß die Wahrsager die offensichtliche Bedeutung verstanden, aber zu feige waren, es dem Pharao zu sagen. Schließlich konnte man damals das Leben verlieren, wenn man den König unglücklich machte. Das Alte Testament ist voller falscher Propheten, die sich davor fürchteten, ihren Königen die Wahrheit zu sagen, und ein paar echten, die für ihre Ehrlichkeit ins Gefängnis geworfen wurden.

Qualifikationen für einen Übersetzer Gottes

Als Joseph ein Übersetzer Gottes wurde, war er so mit dem Geist erfüllt, daß ihm Weisheit und ein feines Gespür geschenkt wurden, und er sich deswegen absolut *sicher* über die Bedeutung des Traumes war. Diese Gewißheit gab ihm den *Mut*, dem König die „gute und die schlechte

Nachricht" des Traumes mitzuteilen. Aber am wichtigsten war, daß sie ihm das *Vertrauen* gab, Gottes Plan vorzuschlagen, der die Erlösung von der schrecklichen Vorhersagung des Traumes sein sollte.

Joseph sagte dem Pharao, daß Gott in beiden Träumen dasselbe meinte, um sicherzugehen, daß er die Botschaft verstand. Sieben gute Jahre sollten kommen, mit Monsunregen und einem überfließenden Nil, was eine Rekordernte hervorbringen würde. Aber diesen guten Jahren würden sieben schlechte Jahre folgen, mit Dürre, zerstörter Ernte und Hungersnot. Bevor der Pharao allerdings in Panik geraten und seine Hinrichtung verlangen konnte, erklärte Joseph Gottes Plan der Erlösung von der drohenden Katastrophe (41,25-36). Der Pharao sollte Amtsleute in den verschiedenen Gebieten des Landes einsetzen, die während der sieben reichen Jahre 20 Prozent der Ernte einsammeln und in den Kornhäusern des Pharaos lagern sollten. Während der sieben Hungerjahre würde die Nahrung dann ausgeteilt und verkauft werden. So könnte das Volk gerettet werden. Um diesen Plan auszuführen, sollte der Pharao „nach einem verständigen und weisen Mann, den er über Ägyptenland setzte" (41,33), sehen.

„Die Rede gefiel dem Pharao und allen seinen Großen gut" (41,37). Schließlich war es kinderleicht und doch so tiefgründig in seinen Möglichkeiten, daß der Pharao intuitiv die Anwesenheit Gottes in Joseph spürte. Und so sprach er:

> Wie könnten wir einen Mann finden, in dem der
> Geist Gottes ist wie in diesem? Und er sprach
> zu Joseph: Weil dir Gott dies alles kundgetan
> hat, ist keiner so verständig und so weise wie
> du. Du sollst über mein Haus sein, und deinem
> Wort soll all mein Volk gehorsam sein; allein
> um den königlichen Thron will ich höher sein
> als du ... Siehe, ich habe dich über ganz
> Ägyptenland gesetzt (41,38-41).

In der Geschichte gibt es keinen anderen „Vom-Gefängnis-zum-Palast"-Bericht, der sich damit vergleichen läßt. Joseph hatte vorgeschlagen, einen Landwirtschaftsminister zu suchen, aber der Pharao hatte *ihn* zum Premierminister der Nation ernannt! Joseph kam von der Finsternis des Kerkers direkt in die blendende Helligkeit des Thrones. Sein Vater hatte ihn gescholten, weil er von der Sonne und dem Mond geträumt hatte, die sich vor ihm verneigten. Aber jetzt stand er vor dem größten Monarchen der damaligen Zeit, dem Pharao, der ihn willkommen hieß. Seine Brüder haßten ihn, aber jetzt stand er mitten unter den stolzesten Priestern der Welt. Seine Hände, die von der Arbeit geschwollen waren, trugen den Siegelring des Pharaos. Seine Füße, die einst durch Ketten gefesselt waren, standen jetzt im zweiten Wagen des Pharaos, eine Goldkette schmückte seinen Hals. Ja, Joseph verlor zum dritten Mal sein Gewand. Aber dieses Mal erhielt er ein feines Staatsgewand aus Leinen.

Das alles war nur geschehen, weil Joseph an seinem hohen und heiligen Traum, den Gott ihm Jahre zuvor gegeben hatte, treu festhielt. Was wohl passiert wäre, wenn Joseph verbittert oder voller Ärger gewesen wäre, nachdem seine Brüder ihn in die Sklaverei verkauft hatten? Oder wenn er den täglichen Versuchungen von Potiphars Frau nachgegeben hätte? Oder wenn er die Abkürzungen genommen hätte, die den Durchtriebenen und Skrupellosen damals zur Verfügung standen? Oder wenn er im Gefängnis verkommen wäre, in Selbstmitleid und Haß badend, weil jemand aus Gedankenlosigkeit seine hilfreichen Dienste vergessen hatte? Meinen Sie, daß er dann diese hohe Position erhalten hätte, ernannt von einem heidnischen König, der ihn als Gottes Mann der Stunde erkannte? Joseph war dort, weil er auf jedem Schritt seines Weges gläubig seinen Traum gelebt hatte und auch gläubig die Träume der anderen ausgelegt hatte.

Moderne Übersetzer Gottes

Gott konnte Joseph deshalb so gut gebrauchen, weil er ein Gespür für die Nöte anderer besaß. Im Gefängnis hatte er die traurigen und niedergeschlagenen Gesichter der Mitgefangenen bemerkt, und dies verschaffte ihm die Gelegenheit, Traumausleger und Zeuge für seinen Gott zu werden. Genauso möchte Gott heute, daß wir „Übersetzer" für ihn sind. Unser geistliches „Radargerät" muß sensibel für die Gesichter und die Gefühle anderer sein, wenn sie uns von ihren Nöten erzählen. Wie bei Joseph muß unsere Interpretation der Botschaft Gottes zu den Menschen in ihrer jeweiligen Situation und ihren Bedürfnissen sprechen.

Wir müssen uns angewöhnen, die Gesichter der Menschen anzusehen, auf ihre Worte zu hören und versuchen, ihre unausgesprochenen Botschaften zu verstehen. Wenn wir das tun, werden auch wir Menschen mit traurigen und niedergeschlagenen Gesichtern sehen. Wir werden Sorgenfalten erkennen und Töne hören, die von den schweren Lasten erzählen, die sie tragen. Wir werden unbeantworteten Fragen, unerreichten

Träumen, nicht erklärten Geheimnissen gegenüberstehen – und sogar erschreckenden Konfrontationen von Leben und Tod. Der große Prediger Joseph Parker sagte einmal, daß diejenigen, die besorgten Herzen helfen, niemals Mangel an einer Gemeinde haben werden. Weil viele solcher Menschen wenig über Gottes Wort wissen und noch weniger Kontakt zur Kirche haben, müssen wir lernen, ihre Lebenskrisen für Gott zu interpretieren. Lassen Sie uns an gewöhnliche Dinge im Leben denken, die Träume darstellen, die einer Auslegung bedürfen.

– Die Geburt eines Kindes. Neues Leben kann Grund zur Freude und zum Feiern, aber auch zur Enttäuschung und Unruhe sein, vereinzelt sogar zur Tragödie und Leiden, wenn Abnormalitäten oder Defekte im Spiel sind. Selbst in der idealsten Situation bedeutet es, die Familie neu zu organisieren, den Tagesablauf eines jeden neu zu regeln, und den immer schmerzhaften Prozeß, die Liebe neu zu verteilen. Wenn Sie ein sensibler Christ sind, kann dieses Erlebnis eine großartige Möglichkeit sein, anderen Menschen bei der Auslegung ihrer Träume zu helfen. Ich habe mich immer über die Geschichte, die hinter diesen Worten der Schrift steht, gewundert: „Henoch war 65 Jahre alt und zeugte Metuschelach. Und Henoch wandelte mit Gott. Und nachdem er Metuschelach gezeugt hatte, lebte er 300 Jahre" (1. Mose 5,21-22). Bis zu diesem Zeitpunkt war Henoch ein – mehr oder weniger – gewöhnlicher Mann. Was geschah bei der Geburt seines Sohnes, das ihn so veränderte, daß er ganz mit Gott ging? Wir wissen es nicht genau, aber ich habe dasselbe bei modernen Eltern nach der Geburt ihres Kindes beobachtet. Oftmals ist es das überwältigende Verantwortungsgefühl, das sie dazu zwingt, anzuerkennen, daß sie Hilfe von außen benötigen, um die Träume für ihr Kind zu verwirklichen. Das gibt uns die gute Möglichkeit, Menschen zu erzählen, was es heißt, mit Gott das Wunder der Schöpfung zu teilen.

– Der Tod eines Kindes; Fehlgeburt und Totgeburt eingeschlossen. Es muß jemanden geben, der nicht nur tröstet, sondern Verständnis für ein solches Unglück mitbringt. Dies wird von vielen bestätigt, die mit Groll gegen Gott zu kämpfen haben, und der erstaunlich hohen Zahl von Paaren, die, statt sich gegenseitig zu trösten und zu unterstützen, sich wegen des Todes ihres Kindes scheiden lassen. Ein Übersetzer Gottes zu sein, heißt allerdings nicht, auf alles Antworten zu haben, die meisten Bibelverse zu zitieren, oder die Eltern mit simplen Thesen über den „Willen Gottes" zu bombardieren. Als wir unseren Sohn verloren, stellten Helen und ich fest, daß uns solche Christen am wenigsten halfen. „Übersetzen" kann bedeuten, daß man die Gegenwärtigkeit des Geheimnisses anerkennt, indem man einfach da ist, liebt und zuhört, ohne Erklärungen

geben zu müssen. Das Geschenk eines guten Buches, geschrieben von jemandem, der das gleiche erlebt hat, kann sehr hilfreich sein. Leidtragende Eltern können von unserem Mitgefühl und unseren Tränen lernen, daß Gott sich auch um sie kümmert und mit ihnen leidet, während sie über den Verlust eines Traumes trauern.
– Die Eigenwilligkeit eines Kindes. Manchmal geraten Kinder trotz eines guten Elternhauses in ernste Schwierigkeiten. Der Sohn kommt in Kontakt mit Drogen, die Teenietochter wird schwanger, und die Eltern sind voller Fragen und Selbstvorwürfe. Zerbrochene Träume füllen ihre Gedanken am Tag und rauben ihnen den Schlaf in der Nacht. Viele Gleichnisse Jesu handeln von den Parallelen zwischen menschlicher und göttlicher Elternschaft. In schwierigen Situationen können die Menschen zum ersten Mal die leidende Liebe Gottes und seine schmerzvolle Sorge um abtrünnige Kinder sehen (Lk. 15,11-31).
– Heirat und Scheidung. Um uns herum hören wir immer wieder von zerbrochenen Eheträumen. Für mich ist das wie der Klang wunderschöner Gläser, die auf den Boden geworfen werden. In den Gesichtern Geschiedener können wir Linien des Verlustes, der Einsamkeit, der Hoffnungslosigkeit und der finanziellen Sorgen sehen. Oft sagen sie: „Es wäre viel einfacher gewesen, wenn er/sie gestorben wäre." Nach einer Scheidung sieht man – im Gegensatz zum Tod – den Körper weiterhin ...
Scheidung ist wahrscheinlich das Vernichtendste für das Selbstwertgefühl eines Menschen. Leider stehen die Christen und die Gemeinden den Geschiedenen oft zu kritisch und verurteilend gegenüber. Es wäre besser, dem Beispiel Jesu zu folgen, der die Menschen immer liebte und akzeptierte, selbst wenn er ihr Verhalten nicht für richtig hielt. Damit würden wir Gottes unendliche Gnade für die Unwürdigen und Gebrochenen in die verständliche Sprache alltäglicher Beziehungen übersetzen. Unsere eigenen Ehen, Familien und Kirchen würden dann Zufluchtsorte für Geschiedene sein, in denen sie Teil der Familie Gottes werden könnten. In ein paar Fällen könnten alte Ehen versöhnt und zerbrochene Träume wieder eingesetzt werden. Aber öfter werden wir ihnen beim Aufbau neuer Träume helfen müssen, Träumen, die auf dem festen Fundament Jesu aufbauen und die durch die Nachfolge und Unterstützung seines Volkes aufrechterhalten werden.
– Schmerz und Tod. Wenn ich dies erwähne, werden Sie vielleicht denken: „Aber ich bin doch kein Pastor oder Seelsorger. Ich bin ein Laie. Ich möchte zwar für Möglichkeiten, Gott zu bezeugen, offen sein, aber ich weiß nicht, *wie*. Ich brauche Anleitung und Hilfe."

Im Vorwort ihres Buches „Helping People Trough Grief" (Menschen durch das Leid helfen) erinnert uns Dolores Kuenning daran, daß „die Erde als ein Tal der Tränen bezeichnet worden ist", und gibt uns Statistiken, die das belegen. Jedes Jahr sterben in den USA zwei Millionen Menschen. Im Schnitt stirbt alle fünf Minuten jemand an einem Unfall, 462.000 sterben jährlich an Krebs und 120.000 an Alzheim'scher Krankheit. Eines von 24 Babys stirbt während des ersten Lebensjahres. Zirka zwei Millionen Menschen erleiden Verbrennungen; von ihnen müssen 70.000 ins Krankenhaus und 12.000 sterben. Es gibt auch jährlich zwei Millionen Opfer eines Schlaganfalls, 125.000 Opfer einer Rückenmarksverletzung und 140.000 Menschen mit Gehirnverletzungen, die eine Rehabilitation durchmachen müssen.

Ja, mitten im Leben sind wir von Leid und Tod umgeben. Als Christen leiden wir nicht wie die, die ohne Hoffnung sind (1. Thess. 4,13); wir können den Menschen die einzig wahren Worte des Trostes und der Hoffnung geben. Aber dies können wir nicht aus einem Vakuum heraus tun; wir müssen vorher eine liebende und fürsorgende Beziehung mit der Person haben. Wir können das Fehlen einer solchen Beziehung nicht dadurch ändern, daß wir uns plötzlich ganz stark um die Errettung dieses Menschen bemühen. Viele weisen das zu Recht zurück. Lassen Sie uns sicher sein, daß wir Beziehungen eingehen, auf denen wir in Krisenzeiten aufbauen können. Das Gedicht von John Greenleaf Whittier drückt dies sehr gut aus:

> Die besten Übersetzer Gottes
> sind demütige Menschenseelen.
> Das Evangelium des Lebens
> ist mehr als Bücher oder Schriftrollen.

Wünsche zu Bedürfnissen umformen

Viele Menschen haben keine traurigen und niedergeschlagenen Gesichter. Sie scheinen erfolgreich und glücklich zu sein, ohne spezielle Bedürfnisse. Sie haben viele Wünsche und denken, daß sie zufrieden sind, wenn diese erfüllt werden. Wie werden wir Gottes Übersetzer für solche Menschen? Wir haben die schwierige und anspruchsvolle Aufgabe, ihnen verständlich zu machen, daß selbst dann, wenn ihre *Wünsche* befriedigt sind, ihre wahren *Bedürfnisse* unbefriedigt sind. Wir helfen ihnen in dem Sinn, daß wir ihre kurzfristigen Wünsche in geistliche Bedürfnisse übersetzen. Jesaja verstand dies deutlich, als er rief:

    Wohlan, alle, die ihr durstig seid, kommt her zum Wasser! Und die ihr kein Geld habt, kommt her, kauft und eßt! Kommt her und kauft ohne Geld und umsonst Wein und Milch!

    Warum zählt ihr Geld dar für das, was kein Brot ist, und sauren Verdienst für das, was nicht satt macht? Hört doch auf mich, so werdet ihr Gutes essen und euch am Köstlichen laben. Neigt eure Ohren her und kommt her zu mir! Höret, so werdet ihr leben! (Jes. 55,1-3).

Vor einigen Jahren hatten wir einen älteren Studenten im Seminar, der seine hohe Position in der US-Marine aufgegeben hatte, um in die Seelsorge einzutreten. Eines Tages hörte ich ihn erzählen, wie alles gekommen war. Er erzählte, daß er von klein auf davon geträumt hatte, in der Marine die Karriereleiter ganz nach oben zu klettern. Er hatte hart gearbeitet, und sein Traum wurde Wirklichkeit. Seine nächste Beförderung wäre die zum Admiral gewesen. Aber eines Tages zeigte ihm Gott eine schockierende Wahrheit: „Obwohl ich wirklich die oberste Sprosse der Leiter erreicht hatte, merkte ich plötzlich, daß die Leiter am falschen Gebäude lehnte!" Seine Träume erwiesen sich als falsche und leere Illusionen. Obwohl seine Wünsche erfüllt wurden, konnten seine innersten Bedürfnisse in seinem Leben nur durch Christus erfüllt werden.

Wir müssen auf diejenigen achten, deren äußerer Status und Erfolg ihre innere Leere verbirgt. Ein Übersetzer Gottes zu sein heißt, den Heiligen Geist um Weisheit zu bitten und Menschen auf ihrem momentanen Platz anzunehmen, auszudrücken, welche Wünsche sie haben, und dies dann so auszulegen, daß die Menschen erkennen, was sie wirklich brauchen.

Der Pharao war besorgt und verängstigt. Er glaubte, daß er einen Wahrsager benötigte, der ihm seinen Traum deutete. Was er in Wirklichkeit benötigte, war ein Ausweg, ein Rettungsplan. Er benötigte, was Joseph ihm vorstellen konnte — einen Erlöser und Retter.

Eines Abends während unserer Zeit in Indien, klopfte ein netter junger Hindu an unsere Tür in Bangalore. Er stellte sich als Universitätsstudent vor, der an seinem Doktor in Elektrotechnik arbeitete. Er interessierte sich für amerikanischen Jazz und sagte, daß er von unserer Plattensammlung gehört hätte — Platten von Glenn Miller und anderen. Diese Art des Jazz war schon immer ein Hobby von mir gewesen. Ich bat ihn herein, und kurz darauf hörten wir Musik der Big-Band-Ära und aßen etwas von Helens köstlichem, selbstgemachten Eis — eine ihrer Spezialitäten. So begann die Freundschaft mit dem Jugendlichen, der aus einer reichen Hindufamilie stammte, die einer hohen Kaste angehörte. Er war aus einem entfernten Staat in die Stadt gekommen. Er war weit von seinen Eltern entfernt und hatte Heimweh.

Er besuchte uns über ein Jahr so, ohne daß wir den Glauben erwähnten. Eines Abends, als wir eine Platte von Benny Goodman hörten, stand er plötzlich auf und sagte: „Können wir in Ihrem Büro reden?" Sobald wir alleine waren, fragte er mich: „Bruder David, was bedeutet es, Christ zu sein?" Ich schilderte es ihm knapp, dann lieh ich ihm ein Buch von C.S. Lewis und ein Tonband von E. Stanley Jones. Es folgten viele ernste Diskussionen. Er war darum besorgt, die guten Dinge, die ihn seine Eltern gelehrt hatten, nicht zu verleugnen, die edlen und hohen ethischen Prinzipien, die er durch ihre religiöse Erziehung gelernt hatte. Immer wieder mußte ich ihm zusichern, daß es nicht hieß, seine ethischen Prinzipien zu verneinen, sondern daß sie erst durch Christus zu ihrer ganzen Fülle kämen. Schließlich gab er sich eines Nachts ganz Christus hin, der der Weg, die Wahrheit und das Leben ist und die Erfüllung der religiösen Ahnungen der Menschen. Ein paar Monate später, an einem Ostersonntag, wurde er zusammen mit einer buddhistischen Familie, einem moslemischen Jugendlichen und einer jungen jüdischen Frau, getauft. Für diese Entscheidung mußte er einen hohen Preis zahlen, weil seine orthodoxe Hindufamilie ihn sofort enterbte. Aber bis heute ist er ein gläubiger Christ. Ich denke mit Freude an das zurück, was wir unsere „Jazz-und-Eis-Evangelisationstage" nennen, als wir das, was Menschen wollten, in das, was sie wirklich brauchten, übersetzten.

Kinder brauchen Übersetzer Gottes

Die größte Einzelgruppe, die Übersetzer Gottes benötigt, sind unsere Kinder. James Fowler, der Direktor des Zentrums für Glaubensentwicklung der Emory Universität, ist ein weltbekannter Experte für „Kinder und christlicher Glaube". In Hunderten von Einzelinterviews stellte er fest, daß sich das Gottesbild in der Kindheit entwickelt und auf den Erfahrungen mit Eltern und Bezugspersonen basiert. Zum Beispiel fand er heraus, daß die Kinder, deren Eltern inkonsequent oder beleidigend waren, Gott meist als jemanden sahen, der ohne Warnung straft und uns für wenig wert erachtet. Diese Kinder halten sich für schlecht und glauben, daß sie schlechte Behandlung verdienen. Wenn die Eltern liebend, positiv und konsequent sind, sehen die Kinder Gott als Sorgenden und sich selbst als wertvoll an. Die meisten von uns brauchen dafür keinen Beweis von Experten. Wir sind alle ein lebendiger Beweis davon — entweder durch einen Fluch, von dem wir befreit werden müssen, oder als Segen, für den wir dankbar sind.

Ich habe schon von meinem irdischen Vater geschrieben und wieviel leichter er es mir machte, an den himmlischen Vater zu glauben. Trotzdem war mein Vater kein guter Prediger. Mein Bruder und ich stimmen darin überein, daß er einer der schlechtesten Prediger, aber einer der besten „Vorleber" war, die wir je kannten. Ich werde mich immer an eine Predigt von ihm erinnern, die er hielt, als ich gerade sieben Jahre alt war. Es war kurz vor Weihnachten 1929, als wir noch in Indien lebten. Eines wunderschönen Morgens kam ein Brief der Mellon Bank in Pittsburgh an, die uns mitteilte, daß die Ersparnisse unserer Familie „verlorengegangen" seien, weil die Bank Konkurs angemeldet hätte. Meine Mutter weinte bittere Tränen und heulte hysterisch. Ich habe nicht alles verstanden, aber an dem Blick meines Vaters erkannte ich, daß es sich um etwas ziemlich Ernstes handelte. Dann knieten wir alle zum Gebet nieder, und Dad sprach auf seine unnachahmliche Art mit Gott. Er bestätigte das völlige Vertrauen in den himmlischen Vater, daß dieser für uns sorgen und allen unseren Bedürfnissen gerecht werden würde. Obwohl ich es damals nicht ahnte, weiß ich heute, daß dies eine der großen Predigten in meinem Leben war. Weil er seinem Vater völlig vertraute, vertraute ich meinem Vater. Das bedeutete, daß auch ich dem himmlischen Vater voll vertrauen konnte.

Als Kontrast dazu steht ein Seelsorgegespräch, das ich einmal hatte. Ein langjähriger Christ, Mitte Vierzig, kam in die Seelsorge. Er sprach sehr dankbar von seiner christlichen Erziehung. Aber trotzdem schien er nie in der Lage gewesen zu sein, die enge und vertrauensvolle Beziehung mit Gott aufzubauen, die er sich immer gewünscht hatte. Gott schien fern zu sein und sich nicht um ihn zu kümmern. Nachdem wir eine Weile miteinander gesprochen hatten, bat ich ihn, mir sein Gottesbild zu schildern. Er dachte kurz nach und malte mir dann folgendes Bild: Gott saß an einem Schreibtisch, im Drehstuhl, mit dem Rücken zu ihm. Gott sah auf die riesigen Bücherregale, die voller Enzyklopädien und Nachschlagewerke standen, und die all das Wissen und die Weisheit enthielten, die nötig waren, um über das Universum zu herrschen. Der Mann erklärte, daß er sich Gott im Büro so vorstellen würde, da er selbst nie drin gewesen sei; ein Schild an der Tür besagte: „Bitte nicht stören". Gott war so damit beschäftigt, die Milchstraße und die Planeten in Ordnung zu halten, daß er sich mit unseren kleinen Problemchen nicht abgeben konnte.

Als mein Freund mir das erzählte, entschuldigte er sich: „Ich weiß, daß es lächerlich ist und Gott in Wirklichkeit nicht so ist, aber so denke ich über ihn – und so stelle ich mir vor, daß er über mich denkt."

Nach wenigen Sitzungen kamen wir dahinter, woher diese Vorstellung stammte. Es war eine Szene, die sich an vielen Samstagen in seiner Kinderzeit so abgespielt hatte. Er wollte, daß sein Vater mit ihm spielte, aber der war immer beschäftigt. Und an seinem Arbeitszimmer hatte es wirklich so ein Schild gegeben. Nach einigen Niederlagen hatte er aufgegeben, seinen Vater zu fragen, und spielte allein. Und warum konnte sein Vater nicht herauskommen und mit ihm spielen? Er war viel zu sehr damit beschäftigt, seine Predigt für den nächsten Morgen vorzubereiten, damit er allen Leuten von der Kanzel aus sagen konnte, wie sehr sie Gott liebte!

Die Schrift auslegen

Heutzutage gibt es nicht nur viele biblische Analphabeten, sondern auch eine große Anzahl, die die Bibel mißverstehen und darum einen falschen Eindruck von Gott haben. Ihre karikaturhaften Vorstellungen von Gott lassen sie nicht ins Himmelreich gelangen. Andere Christen werden durch einen falschen Gebrauch der Bibel von der geistlichen Reife abgehalten. Im Hebräerbrief wird Gottes Wort so beschrieben: „Das Wort Gottes ist lebendig und kräftig und schärfer als jedes zweischneidige Schwert" (Hebr. 4,12). Wenn ein einschneidiges Schwert sorglos benutzt wird, ist es gefährlich genug. Es kann jemanden schneiden und verwunden. Aber ein zweischneidiges Schwert ist noch gefährlicher, da es uns und andere verletzen kann.

Das Bedürfnis nach jemandem, der Gottes Wort auslegen kann, ist so alt wie die Schrift selbst. Philippus wurde vom Geist geleitet, mit dem Wagen des äthiopischen Schatzmeisters zu fahren, und sah diesen Jesaja 53 lesen. Philippus fragte ihn: „Verstehst du auch, was du liest?" Er aber sprach: „Wie kann ich, wenn mich nicht jemand anleitet?" Dann fuhren sie gemeinsam weiter, und „Philippus aber tat seinen Mund auf und fing mit diesem Wort der Schrift an und predigte ihm das Evangelium von Jesus." Seine Interpretation führte schließlich zur Taufe des Kämmerers (Apg. 8,26-38).

Wenn wir unseren persönlichen Lebensweg gehen, sollten wir aufmerksam auf die große Zahl derjenigen werden, die erst noch den größten Schlüssel bekommen müssen – Jesus. Er ist der Schlüssel für ein richtiges Verständnis der Schrift, da er die volle und endgültige Offenbarung ist, die Gott uns von sich selbst geschenkt hat. Gewissermaßen sollten wir die Bibel als einziges Buch von hinten lesen. Wir beginnen mit Jesus, dem *letzten Wort*, das Gott uns gegeben hat, darüber, was und wie er wirklich ist, und dann lesen wir *ältere Worte* und interpretieren sie alle in seinem Licht. Überall beschreibt die Bibel das allmähliche und zunehmende Enthüllen der Offenbarung Gottes. Dies war nicht so, weil Gott sich veränderte, sondern weil er sich den Menschen nur offenbaren konnte, wenn sie die Wahrheit wieder ein Stückchen mehr erkannt hatten.

> Nachdem Gott vorzeiten vielfach und auf vielerlei Weise geredet hat zu den Vätern durch die Propheten, hat er in diesen letzten Tagen zu uns geredet durch den Sohn, den er eingesetzt hat zum Erben über alles, durch den er auch die Welt gemacht hat. Er ist der Abglanz seiner Herrlichkeit und das Ebenbild seines Wesens (Hebr. 1,1-3).

Jesus hatte seinen Jüngern gesagt: „Wenn ihr mich erkannt habt, so werdet ihr auch meinen Vater erkennen. Und von nun an kennt ihr ihn und habt ihn gesehen" (Joh. 14,7).

Es ist sehr wichtig, daß wir anderen Menschen beim Lesen und Interpretieren der Schrift helfen, wie Paulus sagt: „die Erleuchtung zur Erkenntnis der Herrlichkeit Gottes in dem Angesicht Jesu Christi" (2. Kor. 4,5). Es gibt viele Dinge, besonders im Alten Testament, die schwer zu verstehen sind. Bei diesem Zeitabschnitt müssen wir beachten, daß Gott sich langsam in einem immer helleren Licht zeigt, bis er sich im Angesicht dessen offenbart, der Licht ist. Dies bedeutet, daß wir uns zu ernsthaftem Bibelstudium verpflichten müssen, und nicht nur Beweisstellen hier und da aus der Bibel auswendig lernen, sie zu einem Salat vermischen und obendrauf noch unsere eigene, hausgemachte Sauce geben. Wir müssen den vollen Gehalt der Botschaft verstehen und, wie Philippus, jeden Abschnitt im Licht der guten Nachricht Gottes interpretieren.

Aber der beste „Übersetzer" ist ein Mensch, der die Gnade und Wahrheit Gottes tagtäglich lebt. Der große Physiker Robert J. Oppenheimer sagte einmal in einer Rede über demokratische Ideale: „Die beste Art, seine Ideen zu exportieren, ist, sie in einer Person zu verpacken." Joseph war Gottes Botschaft — verpackt in einer Person.

Wollen Sie auch ein Übersetzer Gottes sein? Ein moderner Joseph, der in die Gesichter der Menschen sieht, ihre Fragen anhört und ihre Träume und Alpträume auslegt? Und in Demut, aber mit Autorität, in Empfindsamkeit und Mut die gute und die schlechte Nachricht vor ihnen auslebt — die schlechte Nachricht unserer Verlorenheit und Hungersnot außerhalb von Christus, und die gute Nachricht unserer Geborgenheit und Fülle in ihm?

Kein Wunder, daß Pharao dem Joseph einen neuen Namen gab: Zafenat-Paneach, „Brot des Lebens"!

Kapitel 8

Den Traumzerstörern vergeben

Im Morgengottesdienst hatte ich über „emotionale und geistige Ganzheit" gesprochen und war gerade in der Cafeteria des Gemeindezentrums, um mir einen Sitzplatz zu suchen. Eine Frau, die an einem runden Tisch saß, fiel mir auf; da sie alleine saß, zögerte ich, mich zu ihr zu setzen. Ich hatte aber das Gefühl, daß ich mich zu ihr setzen sollte, nahm mein Tablett und ging zu ihr. Sobald ich das Tablett hinstellte, sagte sie: „Gott sei Dank. Ich habe gebetet, daß Sie sich zu mir setzen, damit ich mit Ihnen reden kann." Die Frau hieß Robin und erzählte mir eine der kompliziertesten Geschichten des Hasses, die ich je gehört hatte. Ihr Vater war gestorben, als sie noch ein kleines Kind war. Ihre Mutter hatte nie wieder geheiratet, aber sehr hart gearbeitet, um ihrer Tochter ein schönes Zuhause und eine gute Ausbildung zu ermöglichen. Robin wurde eine recht gute Musikerin und bekam interessante Angebote. Sie heiratete dann und hatte eine Familie. Ihr Mann und sie wurden echte Christen, die sich auch sehr in einer nahen Gemeinde engagierten.

Das Fehlen eines Vaters hinterließ in Robin jedoch ein emotionales Vakuum, das nie gefüllt wurde. Als junge Frau fühlte sie sich zu älteren Männern hingezogen, und obwohl sie dadurch einige ungesunde Beziehungen hatte, kam sie immer davon, ohne zu weit zu gehen. Dann stellte sich ihr eines Tages ein sehr charmanter und wortgewandter Mann vor. Ein Rendezvous mit ihm endete damit, daß sie vergewaltigt wurde. Sie war schockiert und sehr verletzt, beendete die Beziehung sofort, erzählte aber niemandem davon. Zehn Jahre waren seitdem vergangen. Sie hatte die Geschichte aus ihren Gedanken verbannt; seitdem sie Christ war, schien es sie nicht mehr zu belasten.

Dann bekam sie einen Brief von ihrer Mutter, die einen wundervollen

Mann kennengelernt hatte. Obwohl er etwas jünger sei, würde sie gut mit ihm zurechtkommen. Zwei Monate später schrieb Robins Mutter, daß sie ihn geheiratet habe und endlich wieder glücklich sei. Natürlich freute sich Robin für ihre Mutter und war neugierig, den Mann kennenzulernen. Können Sie sich den unglaublichen Schock vorstellen, als sie sah, daß ihr Stiefvater der Mann war, der sie vor Jahren vergewaltigt hatte? Sie weinte bitterlich, als sie beschrieb, wie schmerzhaft die Erinnerung war und wie der Ärger wieder in ihr aufbrauste. Seit zwei Jahren war sie am Rande eines Nervenzusammenbruchs, voller Bitterkeit gegen den Mann und mit gemischten Gefühlen ihrer Mutter gegenüber. Es hatte sie so sehr mitgenommen, daß ihre Gesundheit und ihre Beziehung zu Gott zerstört waren.

Obwohl wir viele Seelsorgegespräche führten, konnte sie ihre Haßgefühle erst während des letzten Heilungsgottesdienstes der Veranstaltungsreihe loslassen. Es geschah, als drei von uns Leitern ihr die Hände auflegten und für sie beteten. Es schien, als ob etwas aus ihr herausgerissen würde. „Ich habe es versucht, aber ich konnte meinen Haß nicht loslassen, bis ich Gott schließlich in meiner Verzweiflung sagte, daß ich gewillt war, es loszulassen. Dann fühlte ich mich so, als ob ein großer, schwarzer Tumor aus mir geschnitten und von mir entfernt würde. Ich spürte den körperlichen Schmerz in diesem Augenblick und dachte, daß ich ohnmächtig würde. Jetzt kann ich vergeben und die Situation so akzeptieren. Ich kann mir nicht vorstellen, daß ich meiner Mutter und ihrem Mann nahe sein kann, aber der Haß ist weg, und ich habe inneren Frieden." In den Briefen, die sie mir später schrieb, berichtete mir Robin, daß sich ihre Beziehungen zu anderen Menschen verbesserten.

Verletzungen zu vergeben, ist gewöhnlich sehr schwierig und kann sehr komplex sein. Es war im Leben von Joseph sicherlich auch so. Er war seit sieben Jahren Premierminister in Ägypten. Der göttliche Plan, der ihm geschenkt worden war, kam ins Rollen. 20 Prozent der Ernte wurden im ganzen Land in Scheunen gelagert.

Dann blieben die regelmäßigen Monsunregen aus, der Fluß vertrocknete, und die Erde riß durch die Trockenheit auf. Die Dürre dehnte sich auf die Nachbarländer aus, die Hungersnot war groß. „Und alle Welt kam nach Ägypten, *um bei Joseph zu kaufen;* denn der Hunger war groß in allen Landen" (1. Mose 41,57). Achten Sie auf meine Unterstreichung: Joseph war jetzt höher als der oberste Minister – keine geringe Ehre. Sein Name stand in allen Haushalten der Gegend für Leben oder für Tod.

So war es unausweichlich, daß die gute Nachricht auch Kanaan erreichte. „Als aber Jakob sah, daß Getreide in Ägypten zu haben war, sprach er zu seinen Söhnen: Was seht ihr euch lange an? Siehe, ich höre, es sei in Ägypten Getreide zu haben; zieht hinab und kauft uns Getreide, daß wir leben und nicht sterben" (42,1-2). Es sieht nicht so aus, als ob sich die egoistischen, unverantwortlichen Brüder sehr geändert hätten, nicht wahr? Oder konnte es sein, daß sie sich selbst nach zwanzig Jahren noch etwas schuldig fühlten, wenn sie eine ägyptische Karawane vorbeiziehen sahen? Auf Drängen des Vaters gingen schließlich zehn von ihnen nach Ägypten, um Essen zu kaufen. Weil sich Jakob voll Bitterkeit an das erinnerte, was mit seinem anderen Lieblingssohn geschehen war, ließ er Benjamin nicht mit ihnen ziehen.

Ich werde jetzt nicht auf die faszinierenden und manchmal mysteriösen Details der nächsten drei Kapitel im 1. Mosebuch eingehen, obwohl sie sich teilweise wie ein komplizierter Krimi anhören. Unser Thema soll Josephs Bemühen sein, seinen Brüdern zu vergeben, und was wir daraus lernen können. Ich bin überzeugt davon, daß es ein echter Kampf für Joseph war und längst keine so einfache und automatische Antwort, wie einige es darzustellen versuchen. Zuerst wird uns von der Geburt zweier Söhne in den sieben reichen Jahren nach seiner Heirat erzählt. Damals wurden den Kindern oft Namen gegeben, die ein historisches Ereignis oder die Gefühle der Eltern bei der Geburt ausdrückten. „Und er nannte den ersten Manasse; denn Gott, sprach er, hat mich vergessen lassen all mein Unglück und mein ganzes Vaterhaus. Den anderen nannte er Ephraim; denn Gott, sprach er, hat mich wachsen lassen in dem Lande meines Elends" (41,51-52). Die Namen sagen viel über Josephs langen und schwierigen Prozeß, mit seinen „Schwierigkeiten", seinem Heimweh nach dem „Haus seines Vaters" und seinen „Leiden" fertigzuwerden. Dies verdeutlicht sicherlich seine Gefühle denen gegenüber, die alles verursachten.

Der stärkste Beweis für den Schmerz dieser Erfahrung aber ist, daß der Autor des ersten Buches Mose ausführlich drei Zeiten beschreibt, in denen Joseph sich nicht länger kontrollieren konnte, zusammenbrach und heulte (42, 24;43,30-31; 45, 1-2). In der letzten Szene steht: „Und er weinte laut, daß es die Ägypter und das Haus des Pharao hörten" (45,2). Denen zu vergeben, die uns verletzten und unsere Träume zerstörten, ist gewöhnlich sehr schwierig, manchmal sogar schmerzhaft und teuer. *Aber gemäß der Schrift ist es immer notwendig.*

Jesus betont die Vergebung

Bischof Arthur J. Moore, der Helen und mich als Missionare aussandte, drückte sich auf eine interessante Weise aus, wenn er etwas deutlich hervorheben wollte. „Und nun, meine Lieben, möchte ich mit unziemlichem Ernst sagen..." Wenn wir uns dem Thema der Vergebung nähern, möchte ich mit unziemlichem Ernst sagen, daß *Vergebung das Schlüsselproblem von Beziehungen in der Bibel ist*. Wenn ich von Vergebung spreche, meine ich es auf alle möglichen Weisen. Im *Aktiven* — wenn ich jemandem vergebe, was er mir angetan hat, bin ich das *Subjekt* der Vergebung, dann vergeben mir Gott und jemand anderes für das, was ich falsch gemacht habe. Und im *Reflexiven* bin ich *Objekt und Subjekt* der Vergebung — ich vergebe mir selbst für das, was ich falsch gemacht habe. In der Bibel stehen alle in Beziehung zueinander. Trotzdem sollten wir bei der Josephsgeschichte den Schwerpunkt auf die aktive Vergebung legen — die Notwendigkeit, anderen, die einem Unrecht taten, zu vergeben.

Die Betonung, die Jesus auf Vergebung legt, ist fast schockierend. Er gibt uns keine andere Möglichkeit, wenn wir seine Jünger sein wollen. Im „Vater Unser" sagte er: „Und vergib uns unsere Schuld, wie auch wir vergeben unseren Schuldigern" (Mt. 6,12). Dies ist die einzige Stelle des Gebetes, zu der er einen Kommentar für notwendig hielt! „Denn wenn ihr den Menschen ihre Verfehlungen vergebt, so wird euch euer himmlischer Vater auch vergeben. Wenn ihr aber den Menschen nicht vergebt, so wird euch euer Vater eure Verfehlungen auch nicht vergeben" (Mt. 6,14-15). Auch in Markus 11,25 können wir es lesen: „Und wenn ihr steht und betet, so vergebt, wenn ihr etwas gegen jemanden habt, damit auch euer Vater im Himmel euch vergebe eure Übertretungen."

Petrus fragte Jesus einmal: „Herr, wie oft muß ich denn meinem Bruder, der an mir sündigt, vergeben? Genügt es denn siebenmal?" (Mt. 18,21). Jesus veranschaulicht seine „siebzigmal siebenmal"-Antwort in einem Gleichnis. Die Geschichte endet damit, daß der Herr den unversöhnlichen Diener den Peinigern übergibt, bis er alles bezahlt, was ihm schon einmal vergeben war, aber wieder in Kraft trat, weil der Diener selbst nicht vergab. Dann zeigt Jesus die Anwendung in einer der härtesten Erklärungen seines Amtes: „So wird auch mein himmlischer Vater an euch tun, wenn ihr einander nicht von Herzen vergebt, ein jeder seinem Bruder" (Mt. 18,35). Die Lehre des Herrn zu diesem Thema können wir in dem kurzen Satz zusammenfassen: „Vergebt, so wird euch vergeben" (Lk. 6,37).

Jesus macht deutlich, daß unser Vergeben in direktem Bezug zu Gottes

Vergebung steht. Und unser Unwillen zur Vergebung zerstört die Brücke, über die uns Gottes Vergebung erreicht. Weil dies ein so wichtiges Thema ist und ich festgestellt habe, daß unter Christen darüber viele Mißverständnisse herrschen, sollten wir es uns detailliert ansehen.

Es gibt viele Christen, die nicht verstehen, was es heißt, zu vergeben. Um geistlich zu sein, verallgemeinern sie oft viel zu schnell und sagen: „Oh ja, selbstverständlich habe ich jedem vergeben, der mir einmal Unrecht getan hat." Sie versuchen mit einem großen Schwung in die Vergebung zu springen. Das hört sich gut an, aber so funktioniert es nicht, weil es unrealistisch ist. Vielleicht hilft es, wenn wir das Thema negativ und positiv beleuchten.

Was Vergebung nicht ist

Manchmal hilft es festzustellen, was etwas *ist,* wenn man zuerst abklärt, was es *nicht ist.*

– Vergebung heißt nicht, Falsches zu übersehen. „Das ist schon in Ordnung", oder „Vergiß es, ich hab' es nicht so ernst genommen". Als Christen kommen wir uns oft supergeistlich vor, wenn wir solche Dinge sagen. Dieses Zudecken, das vorgibt, alles zu lösen, indem man es übersieht, ist nur eine Decke, die zudeckt, aber nicht heilt. Etwas übersehen heißt noch lange nicht, der Person, die Ihnen Unrecht getan hat, zu vergeben.

– Vergebung bedeutet auch nicht, etwas zu entschuldigen oder reinzuwaschen. In dieser Hinsicht ist Joseph ein gutes Beispiel. Er sagte seinen Brüdern: „Ihr gedachtet es böse mit mir zu machen, aber Gott gedachte es gut zu machen" (1. Mose 50,20). Meistens betonen wir den zweiten Teil des Satzes, und zu Recht. Wir werden ein ganzes Kapitel mit der Botschaft dieser Hälfte zubringen. Aber wir dürfen auch nicht den ersten Teil übersehen. Joseph sagte seinen Brüdern nicht: „Ist schon in Ordnung, Jungs. Ich war damals nur ein Teenie, und ich weiß, daß ihr's nicht so gemeint habt, als ihr mich in die Zisterne bei Dotan geworfen habt. Es war ja auch nur Jux und Tollerei, daß ihr mich an die Midianiter verkauft habt." Wie absurd das gewesen wäre! Joseph schaute seine Brüder mit gnadenloser Ehrlichkeit an und machte keinerlei Versuche, ihre schrecklichen Taten zu entschuldigen oder reinzuwaschen. Er nannte die Dinge beim Namen und suchte nach ihren Motivationen – „Ihr hattet Böses mit mir vor" (Einheitsübersetzung). Einer der ersten Schritte, um jemandem wirklich zu vergeben, ist, zu erkennen, was er einem an Unrecht und

Verletzungen angetan hat. Das Reinwaschen nivelliert die Verletzung vorübergehend, aber es endet nicht in Heilung oder Versöhnung, da es keine Vergebung ist.

– Vergebung bedeutet nicht, die inneren Motive des anderen zu analysieren, um für das Unrecht eine einleuchtende Erklärung zu finden. Wir leben im Zeitalter der Psychoanalyse und glauben, daß es notwendig ist, das Verhalten anderer zu analysieren, damit wir herausbekommen, *warum* sie tun, was sie tun. Manchmal glauben wir, daß wir schneller vergeben könnten, wenn wir wüßten, warum jemand uns etwas angetan hat.

In der Bibel werden wir oft an das Geheimnis des Evangeliums erinnert, und daran, wie unerklärlich Gottes Liebe zu uns ist. Wir werden aber auch an das Geheimnis der Bosheit oder Sünde erinnert (1. Thess. 2,7). Jesus nannte selten jemand Sünder, aber er nannte Menschen oft Narren. Warum? Weil es eine moralische Dummheit in bezug auf die Sünde gibt. Sie ergibt keinen Sinn. Wie oft hören wir Menschen sagen: „Ich verstehe nicht, *wie* sie das tun konnte." Oder: „Es ist verrückt. Er hatte alles, *warum* hat er es alles weggeworfen?" Dies erkannte Jesus, als er am Kreuz betete: „Vater, vergib ihnen; denn sie wissen nicht, was sie tun" (Lk. 23,34). Hinter dem Sprichwort „Alles verstehen heißt alles vergeben" steckt etwas Wahres. Das *Warum* zu verstehen, kann uns auf dem Weg zur Vergebung helfen, aber Verstehen ist nicht Vergeben. Es gibt viele Dinge, bei denen es absolut unmöglich ist, das Warum zu verstehen. Deshalb benutzen wir viele moderne Etiketten, die bei der Erklärung helfen. „Weißt du, Opa war Alkoholiker, deshalb ist Mutter so neurotisch..." – und so weiter und so fort. Wir versuchen etwas zu erklären, um eine einleuchtende Erklärung zu haben. Wir glauben, daß wir dadurch vergeben. Aber das muß nicht unbedingt der Fall sein.

Der schlimmste Fall einer Kindesmißhandlung, von dem ich jemals gehört habe, wurde mir von einem Mann erzählt, der zu mir in die Seelsorge kam. Er war verbal und körperlich von seiner Mutter mißhandelt worden. Wenn man nach Wegen suchen würde, ein Kind zu verletzen und unglücklich zu machen, könnte einem nichts Grausameres einfallen. Obwohl er erwachsen war, weinte er voll bitterem Zorn, als er mir davon erzählte. Als er vier war, machte ihm seine Mutter sein Lieblingsessen: Brote, die mit Marmelade und Erdnußbutter bestrichen waren. Aber dann warf sie sie auf den Küchenboden, schnitt sie mit einem Fleischermesser in kleine Stücke und rief ihm zu: „Geh' und eß' sie vom Boden – so wie der Hund, der du bist." Am meisten bedrückte ihn, daß er adoptiert war. Wenn er mir von einer besonders schmerzhaften Erinnerung erzählt hatte, schrie er oft: „Warum, warum wollte sie mich adoptieren, wenn sie mich so behandeln würde? Ich begreif' es nicht." Eines Tages mußte ich ihn behutsam, aber deutlich darauf aufmerksam machen, daß er vielleicht nie in der Lage sein würde, es zu verstehen — und wenn er darauf wartete, würde er ihr wahrscheinlich nie vergeben. Es war ein Kampf, aber während einer langen Zeit des Gebets fand er die Gnade der Vergebung.

In einem anderen Fall kam eine Frau Mitte 30 nach vorne und kniete am Gebetsaltar, nachdem ich eine Predigt über die innere Heilung gehalten hatte. Sie weinte und betete, bis alle anderen die Kirche verlassen hatten. Dann erzählte sie mit bitteren Tränen, daß sie als Teenager von ihrem älteren Bruder sexuell mißbraucht worden war. Sie rief aus: „Warum hat er mir das nur angetan? Wie konnte er so etwas tun, wo er doch wußte, daß ich ihn sehr liebte? Was dachte er sich dabei? Wenn ich es nur verstehen könnte!" Schließlich stoppte ich ihre schmerzhafte Aufzählung: „Schwester, wenn du darauf wartest, ihn zu verstehen, mußt du vielleicht dein Leben lang warten. Ich bin mir nicht sicher, ob er die Antwort weiß. Die Frage ist, ob du ihm vergeben willst, auch wenn du die Gründe nicht verstehst." Es war nicht leicht, aber schließlich konnte sie ihrem Bruder „von Herzen" vergeben.

Das Bedürfnis, etwas zu analysieren, um es zu verstehen, ist bei Kindern besonders ausgeprägt, vor allem, wenn das Unrecht mit ihren Eltern zu tun hat. Es ist sehr schwer, der Tatsache ins Auge zu sehen, daß Menschen, die uns eigentlich lieben, Dinge tun können, die uns verletzen. Und deshalb glauben wir, daß wir analysieren müssen; wir meinen, daß wir vergeben haben, wenn wir verstehen. Machen Sie nicht den Fehler, eines mit dem anderen zu verwechseln.

- Vergeben bedeutet nicht, die Schuld auf sich selbst zu laden. Ein anderer Fehler, den viele Christen machen, ist das Gegenteil des vorhin erwähnten. In diesem Fall analysieren wir uns selbst, um einen legitimen Grund für das verletzende Verhalten einer Person zu finden. Joseph versuchte, auf alle möglichen Weisen den Schmerz und die Selbstvorwürfe, die sich seine Brüder machen würden, wenn sie ihn erkannten, zu mildern. Aber die Schuld auf sich zu laden, war keiner dieser Wege. Auch unser Weg sollte es nicht sein, obwohl es viele Christen so machen, um „geistlich" zu sein.

Ich erinnere mich an eine Studentin, die als Kind von ihrer Mutter die Treppe hinuntergestoßen worden war. Dabei hatte sie ihr ein Bein gebrochen. Ihr Vater hatte Narben an ihrem Körper hinterlassen, weil er sie mit der Gürtelschnalle „versohlt" hatte. Obwohl ich versuchte, es ihr klarzumachen, konnte sie das Unrecht nicht einsehen. Sie sagte statt dessen:

„Ich muß etwas Schreckliches getan haben, daß so etwas passieren konnte." Es schien ihr leichter zu fallen, die Schuld auf sich zu nehmen, als das schreckliche Unrecht zu sehen, das ihr angetan worden war. Ein Großteil des Problems bestand darin, daß sie von etlichen Bibelstellen ein ganz falsches Verständnis hatte. Sie dachte, daß sie immer die Schuld auf sich nehmen müßte, selbst wenn es offensichtlich der Fehler eines anderen war. So mußten wir sorgfältig einiges an ungesundem Bibelverständnis aussortieren, bevor sie die Wahrheit erkennen konnte. Sie war weder „ein guter Christ", indem sie die Schuld auf sich nahm, noch vergab sie dadurch ihren Eltern.

Viele Ehepaare — hauptsächlich die Frauen — sind in bezug auf „Autorität" und „Unterordnung" (Epheser 5) falsch belehrt worden, meistens durch Ehemänner und männliche Prediger. Diese Frauen laden immer die Schuld auf sich, unterwerfen sich und bitten um Vergebung, selbst wenn sie nichts Verkehrtes gemacht haben. Dies bedeutet nicht, „eine gute christliche Ehefrau" zu sein, oder Gottes Plan für eine Ehe zu folgen. Vielmehr ist dies ein ungesundes, neurotisches Verhalten und sollte als solches erkannt werden. Es ist bestimmt nicht dasselbe wie Vergebung.

Das Problem mit diesen vier Fälschungen, die so oft als Vergebung herhalten, ist, daß sie nicht funktionieren. Der Grund dafür ist einfach: Der Heilige Geist ist der Geist der Wahrheit. Er wirkt in unserem Leben und unseren Beziehungen durch Aufrichtigkeit. Er ist derjenige, der die Vergebung durch die Wahrheit herbeiführt. Die vier oben Genannten sind *unwahr*, weil sie *unrealistisch* sind. Der Geist der Wahrheit kann solche Übungen der Unwirklichkeit nicht segnen.

Was Vergebung ist

Nachdem wir definiert haben, was Vergebung nicht ist, wollen wir jetzt die vier wesentlichen Dinge betrachten, die nötig sind, um anderen wirklich zu vergeben.

– Vergeben heißt, das spezielle Unrecht, das uns geschehen ist, zu erkennen. Als sich Joseph seinen Brüdern schließlich zu erkennen gab, wurde er sehr direkt. „Ich bin Joseph, euer Bruder, den ihr nach Ägypten verkauft habt" (1. Mose 45,4). Er machte keinen Versuch, etwas durch Verallgemeinerungen zu verschleiern, etwa so: „Ihr wart aber nicht sehr nett zu mir", oder „Ihr wart ziemlich gemein zu mir, als ich ein kleines Kind war." Hierin steckt ein wichtiges Prinzip, das oft im Zusammenhang mit Gottes Vergebung für uns betont wird. Wir müssen genau sein, was das Bekennen unserer Sünden anbelangt, um seine volle Vergebung zu erlangen, und wir können Gott nicht bekennen, was wir selbst nicht erkannt haben.

Genauso müssen wir das spezielle Unrecht, das uns angetan wurde, erkennen, um der Person vergeben zu können. Sonst machen wir Verallgemeinerungen und haben dann vage, verwirrte Gefühle, die uns keinen anhaltenden Frieden bringen. Immer wenn mir Menschen von ihrem Kampf gegen den Groll und die Bitterkeit erzählen, die sie gegen jemanden hegen, beschreiben sie das Problem ganz allgemein. Ich arbeite mit ihnen, bis sie die Einzelheiten erkennen. Ein Weg dabei ist, sie eine Liste von speziellen Vorfällen anfertigen zu lassen. Ich erinnere sie daran, daß nichts so klein oder unwesentlich ist, um in ihre „Haß- und Verletzungsliste" aufgenommen zu werden. Das nächste Element der Vergebung wird zeigen, was ich meine.

– Vergeben heißt, die eigenen Verletzungen und den Schmerz zu sehen. Zusammen mit der Ungerechtigkeit müssen wir auch die speziellen Gefühle, die sie in uns hervorruft, erkennen. Beides ist eng verbunden, und wir dürfen nicht versuchen, es zu trennen. Manchmal erzählen mir die Leute die schrecklichsten Dinge ohne jeglichen Gefühlsausdruck – eine sterile Aufzählung von Details, ohne daß sie einen gefühlsmäßigen Kontakt damit eingehen. Sie verneinen den Schmerz, den ihnen die Verwundung zugefügt hat. Manchmal dagegen werden viele Gefühle laut, aber der Zusammenhang wird dadurch verneint, daß sie verallgemeinern und Einzelheiten vermeiden. Das Unrecht muß mit den Gefühlen verknüpft werden.

Lassen Sie mich eine Liste der gebräuchlichsten und umfassendsten Gefühlsausdrücke aufzählen. Dann möchte ich zeigen, wie man diese Worte auf das, was ihrer Vergebung bedarf, bezieht. In fast allen Fällen ist dabei jemand im Spiel, der den Traum zerstörte oder beschädigte. Ich schlage vor, daß Sie die Liste langsamer lesen, Ihre Gedanken mit persönlichen Bildern füllen lassen und sich gestatten, die Gefühle, die davon heraufkommen, wirklich zu erfahren.

Ablehnung. „Als ich ein kleines Mädchen war, etwa acht Jahre alt, versuchte ich verzweifelt, die Liebe und Aufmerksamkeit meines Vaters auf mich zu ziehen, und schenkte ihm ein Geburtstagsgeschenk, für das ich seit Monaten jeden Pfennig von meinem Taschengeld gespart hatte. Er sah es an, stellte es auf den Tisch und sagte: ‚Warum hast du so ein dummes Zeug gekauft? Wir haben viel zu viel Kram im Haus herumliegen.' Das war ein Wendepunkt für mich. Ich hörte auf, es zu versuchen und verabscheute ihn."

Demütigung. „Ich war auf einem Pfadfinderlager und versuchte, mein Verdienstabzeichen für ‚grundlegende Gesundheits- und Körperpflege' zu bekommen. Wir putzten alle draußen unsere Zähne, während der Leiter auf und ab ging und uns beobachtete. Als wir fertig waren, sagte er: ‚Alle haben bestanden, außer Donald R. Williams.' Sarkastisch nannte er meinen vollen Namen. ‚Er weiß noch nicht einmal, wie man sich die Zähne putzt. Könnt ihr euch das vorstellen?' Brüllendes Gelächter von allen anderen. Ich habe die Szene gedanklich tausendmal durchlebt, immer mit Bitterkeit gegen den Leiter. Es fällt mir schwer, mich nicht zu ärgern, wenn jemand einen Spaß macht."

Vergleich. „Soweit ich mich erinnern kann, hieß es immer: ‚Warum kannst du nicht wie Shirley sein?' Oder ‚krieg auch mal so gute Noten', ‚hab' genauso viele Verabredungen'. Wissen Sie, als meine Schwester dann in der High School schwanger wurde, tat ich zwar so, als täte es mir leid, aber insgeheim war ich froh. Ist das nicht schrecklich? Einmal war ich besser als sie. Es ist seltsam — ich wollte so sein wie sie, aber verabscheute sie gleichzeitig."

Entbehrung und Vernachlässigung. Von einem Mann: „Meine Eltern arbeiteten beide außer Haus. Ich wurde ängstlich, wenn ich nachmittags von der Schule heimging, besonders im Winter, wenn es dunkel war. Heute fürchte ich mich noch immer, Gebäude zu betreten, die nicht hell erleuchtet sind. Damals habe ich nichts gesagt, aber ich hatte immer einen schwelenden Groll gegen meine Mutter, weil sie nicht zuhause war wie andere Mütter."

Von einer Ehefrau Mitte Vierzig: „Mein Mann hat sich ganz in seine Arbeit vergraben. Er bekommt seine Genugtuung aus seinem Beruf, während ich auf dem trockenen sitze. Er ignoriert mein Bedürfnis nach Zuneigung — selbst nach Sex. Das hat mich dazu getrieben, es woanders zu suchen. Aber ich kann in einer Affäre nie ganz bis zum Ende gehen. Ich reiße mich zusammen, wegen meiner christlichen Überzeugung und den Kindern, aber ich verspüre ständig einen Zorn gegen ihn."

Unrecht oder Ungerechtigkeit. „Mein Vater war unberechenbar und irrational. Wenn er eine verrückte Idee hatte, wollte er sie dem Rest der Familie aufzwingen. Oder er regte sich über ein Kind auf und bestrafte uns alle, mit dem Argument, daß wir es wahrscheinlich gemeinsam geplant hatten. Wenn er guter Laune war, konnten wir alles machen. Kurz darauf aber würde er uns wegen einer Kleinigkeit schlagen oder Hausarrest erteilen. Die Strafe schien nie der Tat angemessen zu sein. Nichts ergab einen Sinn, und ich wurde es leid, immer auf Zehenspitzen zu laufen. Es war einfach nicht fair. Selbst heute werde ich noch zornig, wenn ich irgendwo Ungerechtigkeit sehe."

Geringschätzungen. „Ich war so weit, daß ich den täglichen Hagel an Geringschätzungen und Demütigungen aushalten konnte, aber die geistlichen brachten mich schließlich zu Fall. Eines Abends — es war noch während meiner Schulzeit — ging ich in der Gemeinde nach vorne. Ich empfand Reue und meinte es ernst mit meinem Entschluß, Christus nachzufolgen. Beim Frühstück meinte meine Mutter sarkastisch: ‚Ich glaube dir erst, wenn ich eine wirkliche Veränderung in deinem Leben sehe.' Ich stand auf, ging nach oben und sagte mir: ‚Es gibt keinen Weg, wie ich meiner Mutter jemals beweisen kann, daß ich wirklich ernsthaft für Gott leben will. Und wenn ich es ihr nicht beweisen kann, wie kann ich es dann Gott beweisen?' Ich war voller Bitterkeit, und von diesem Morgen an ging es abwärts."

Grausamkeit oder Brutalität. „Ich war ein ziemlich sportlicher Typ und konnte das Schlagen irgendwann aushalten — ich habe immer noch Narben. Aber die Beschimpfungen, die scharfen, grausamen Worte, trafen mich am tiefsten. Die schmerzhaftesten Narben wurden aber durch das Gerede davon, wie problematisch ich vor der Geburt gewesen sei bis hin zu ‚Ich wünschte, du wärst nie geboren', hinterlassen. Immer, wenn ich eine Mutter oder einen Vater sehe, die ihr Kind umarmen, weine ich innerlich und werde wütend."

Verrat. „Wir haben unserem Sohn alles gegeben, was gute Eltern tun: Sonntagsschule, Kirche, Sommerjugendlager und Familienandachten. Wir stellten uns selbst zurück, um ihm schöne Kleidung und all die Dinge zu geben, die Teenager so haben, damit er sich nicht zurückgesetzt fühlen würde. Wir brachten ihn zum Training und schauten bei all seinen Spielen zu. Jetzt haben wir entdeckt, daß er seit einer Weile Drogen und Alkohol nimmt. Wir fühlen uns schrecklich verraten; wir sind ihm sehr böse und es fällt uns schwer, ihm gegenüber nicht zu verbittern."

Oder: „Ich kann es nicht glauben. Mein(e) Mann/Frau hatte eine Affäre mit meinem besten Freund/meiner besten Freundin. Jeder wußte es außer mir. Ich fühle mich von beiden so verraten."

Oder: „Ich habe meinen Opa sehr geliebt. Er hat mir immer Süßigkeiten und Sachen geschenkt. Und dann hat er von mir verlangt, daß ich alle diese Dinge mit ihm mache, aber niemand von unserem kleinen Liebesgeheimnis erzähle. Wie konnte er mich so verraten?"

Verlassen. „Ich konnte es nicht glauben. Eines Tages kam ich von der Arbeit heim und sie war weg; die Kinder saßen, verängstigt und weinend, allein im Wohnzimmer. Ich wußte nicht, wo sie war. Ich brauchte

Monate, um herauszufinden, daß sie mit jemandem zusammengezogen war. Sie hatte mich einfach verlassen. Es war niederschmetternd."
– Vergeben heißt, unseren Ärger erkennen. Paulus scheint in Epheser 4,25-31 eine Abstufung der Böswilligkeit vorzunehmen. Er beginnt mit *Zorn*, dann *faules Geschwätz, Bitterkeit, Grimm, Geschrei* und *Lästerung, Bosheit*. Bevor wir wirklich vergeben können, müssen wir den Mut haben, uns unsere Gefühle einzugestehen. Manchmal frage ich: „Wäre *Zorn* oder sogar *Haß* zuviel gesagt?" Dann antworteten mir meine Klienten: „Ich schäme mich es zuzugeben, aber es stimmt." Verleugnen, verstecken oder entlassen Sie es nicht mit einem christlichen Klischee oder einem frommklingenden Bibelspruch.

Ein Ratsuchender tat genau das. Er wollte die Wahrheit nicht sehen, sondern tat die tiefen Verletzungen so ab: „Aber sagt die Bibel nicht, daß unsere größten Feinde unsere eigenen Hausgenossen sind?" (Mt. 10,36). Er konnte nicht verstehen, warum er keine bleibende Heilung oder Frieden in sein Herz bekam.

Darin ist ein wichtiges Prinzip biblischer Psychologie enthalten: Wenn man die *Verletzungen* beerdigt, beerdigt man auch den *Haß*, und wenn man die Verletzungen und den Haß beerdigt, beerdigt man damit auch die *Möglichkeit zur Heilung*.

– Vergeben heißt, das Kreuz Christi erkennen. Jetzt sind wir an der Stelle, wo wir eine echte Wahl haben – zu vergeben oder nicht zu vergeben. Ich möchte damit nicht sagen, daß sich jeder hinsetzen muß und sagen: „Jetzt gehe ich den ersten, zweiten und dritten Schritt, um jemandem wegen etwas zu vergeben." Einige Schritte kann man gemeinsam tun. Trotzdem wird der Weg zur Vergebung diese Schritte in irgend einer Form immer enthalten.

Nachdem wir alles Unrecht, die Verletzungen und den Ärger erkannt haben, können wir nur noch zum Kreuz Christi gehen. Paulus beendet den Abschnitt an die Epheser damit, daß er unsere Augen auf Golgatha lenkt: „Seid aber untereinander freundlich und herzlich und vergebt einer dem andern, wie auch Gott euch vergeben hat in Christus" (Eph. 4,32).

Nehmen Sie das nicht zu leicht, denn hinter Paulus' Bitte steckt eine tiefe theologische Argumentation. Paulus sagt, als Gott die Schuld, die Strafe und die Schande durch Christus auf sich nahm, Schuld, Strafe und Schande hätten wir eigentlich auf uns nehmen müssen, und es geschehe uns recht, für sie zu leiden. Statt dessen nahm Gott sie auf sich und konnte durch sein Leiden uns vergeben, ohne unsere Sünden zu übersehen oder zu beschönigen. Genauso, aber in viel geringerem Umfang, nehmen wir den Schmerz und die Schande, die diejenigen eigentlich erleiden sollten, die uns Unrecht getan und uns verletzt haben, auf uns. Deshalb muß alle Vergebung, göttliche oder menschliche, leidende Liebe enthalten. Die einzige Stelle im Universum, wo auch wir Menschen diese leidende Liebe erhalten können, ist unter dem Kreuz Jesu. Die goldene Regel des Vergebens heißt nicht: „Tu' anderen an, was sie dir antun", sondern „Tu' anderen an, was Gott in Christus dir getan hat."

Dr. E. Stanley Jones war einer meiner liebsten geistlichen Mentoren. In seinem Buch „Christ and Human Suffering" (Christus und menschliches Leiden) erzählt er eine rührende Geschichte, um diese Wahrheit zu illustrieren.

> Ein Regierungsbeamter in Indien erzählte mir, wie er ein anderer Mensch wurde ... Seinen ersten Schritt in die Immoralität unternahm er, als er in Europa studierte. Er ließ eine reine, unschuldige, vertrauensvolle Ehefrau zurück — eine ehrenwerte Seele. Als er von Europa zurückkam, führte er sein Doppelleben weiter, anstatt sich von der Untreue abzuwenden. Die Reinheit und das Vertrauen seiner Frau trafen ihn wie Dolchstiche, bis er sein sündiges Geheimnis nicht mehr länger für sich behalten konnte. Er war entschlossen, es seiner Frau zu beichten, aber innerlich hatte er Angst — sie würde ihn wahrscheinlich verlassen oder ihn durch ihren Zorn verkümmern lassen. Eines Tages beschloß er dafür geradezustehen, rief sie in sein Zimmer, schloß die Tür und begann, ihr die ganze erbärmliche Geschichte zu erzählen. Als sie die Bedeutung dessen, was er erzählte, erfaßte, wurde sie totenblaß, taumelte an die Wand und lehnte daran, während die Tränen ihre Wangen hinunterliefen. Als er dabeistand, sah er, wie seine Frau durch seine Sünde gekreuzigt wurde — ihre reine Liebe wurde am Kreuz seiner Sünde gequält. „In diesem Augenblick erkannte ich die Bedeutung des Kreuzes Christi", sagte er. „Ich sah von ihrem kleineren Kreuz die Bedeutung des größeren Kreuzes. Und als sie unter Tränen sagte, daß sie mich nicht verlassen, sondern mir zu einem neuen Leben verhelfen würde, spürte ich das Angebot eines neuen Anfangs im Kreuz Christi. Von diesem Augenblick an war ich ein neuer Mensch."

Rosemond E. Herklots drückt diese Wahrheit aus durch ihr wunderschönes Lied „Und vergib' uns unsere Schuld, wie auch wir vergeben".

„Und vergib' uns unsere Schuld,
wie auch wir vergeben,
lehrtest du uns, Herr, zu beten;
aber nur du allein schenkst Gnade
die Worte zu leben, die wir sprechen.
Wie kann deine Vergebung ein Herz erreichen,
das nicht vergeben kann,
das über Ungerechtigkeit brütet
und die alte Bitterkeit nicht gehen läßt?
Im strahlenden Licht enthüllt dein Kreuz
die Wahrheit, die wir fast vergaßen:
Welch kleine Schulden schuldet man uns,
wie groß ist unsere Schuld an dir!

Kapitel 9

Vergebung — Gottes Rolle und unsere

Denny war offensichtlich sehr niedergeschlagen, als er sich zu mir setzte. „Ich verstehe es nicht", sagte er mit einem Anflug von Zorn in der Stimme. „Vor zwei Wochen bin ich auf eine Freizeit gefahren, und der Heilige Geist zeigte mir, daß ich Mike nicht wirklich vergeben hatte, einem Typ, der mir vor Jahren schreckliches Unrecht getan hat. Obwohl es ein Kampf war, schenkte Gott mir die Gnade, ihm wirklich zu vergeben. Seitdem hatte ich einen wunderbaren Frieden im Herzen. Aber in den letzten Tagen sind viele der alten Gefühle wieder in mir hochgekommen und haben mich überwältigt. Das hat mich überrascht. Ich glaube, daß ich ihm nicht richtig vergeben habe. Vielleicht muß ich noch einmal von vorne anfangen. Aber um ehrlich zu sein, glaube ich nicht, daß es diesmal funktioniert. Ich bin ziemlich entmutigt."

Obwohl die Namen und die Umstände anders sind, habe ich diese Geschichte von Hunderten gehört. Dies ist eine so alltägliche Erfahrung für viele Christen und ein Gebiet, bei dem wir eine Niederlage erleiden können. Deshalb wollen wir das Thema jetzt im Detail untersuchen, damit wir nicht die Beute des „Vaters der Lügen" werden. Dies ist eines der wichtigsten Gebiete, in dem wir die Wahrheit wissen und von unnötiger Verwirrung, Schuld und Verurteilung freigemacht werden müssen.

Zunächst sollten wir sichergehen, daß wir die Arbeitsteilung bei der Vergebung anderer verstehen. Es gibt einen *menschlichen* Teil, etwas, das nur *wir* tun können. Und es gibt einen *göttlichen* Teil, etwas, das nur *Gott* tun kann. Und es gibt ein Gebiet, indem das Menschliche und das Göttliche zusammenarbeiten. Diese Arbeitsteilung bedeutet, daß wir nicht Gottes Teil übernehmen können und er nicht unseren. Wir kommen in Schwierigkeiten, wenn wir Gott bitten, das zu tun, was er uns vorbehalten hat. Der menschliche Teil besteht aus unserer Willenskrise. Der göttliche Teil ist der Prozeß der Veränderung unserer Gefühle. Lassen Sie uns diese unterschiedlichen Arbeitsgebiete und Verantwortlichkeiten trennen.

Unser Teil – unsere Willenskrise

Unsere Willenskrise bezeichnet unsere Bereitschaft, demjenigen, der uns Unrecht getan hat, zu vergeben. Ich spreche von einer Krise, denn obwohl der Bereitschaft ein langer Prozeß vorausgehen kann, kommt ein Zeitpunkt, an dem man eine bestimmte Krisenentscheidung treffen muß, ob oder ob man nicht vergibt. Ich möchte dies durch den Prozeß, der zu der Krise führt, veranschaulichen.

Es ist wichtig, dort zu beginnen, wo man steht – nicht wo man meint, sein zu müssen. Wenn wir also nicht ganz vorne beginnen können, dann vielleicht in der Mitte oder weiter hinten. Wenn ich Menschen frage, ob sie bereit sind zu vergeben, sagen viele: „Ich weiß, daß ich vergeben sollte. Ich möchte es wirklich, aber ich will offen mit Ihnen sein. Der Schmerz ist so groß, daß ich nicht glaube, daß ich völlig bereit bin, zu vergeben." Wenn dies der Fall ist, danke ich Ihnen für die Offenheit und stelle eine andere Frage: „Sind Sie bereit, dafür bereit gemacht zu werden?" Dies ist nicht nur ein Wortspiel. Es erkennt an, wo wir wirklich stehen, und führt die Frage einen Schritt zurück. Sie will dort beginnen, wo wir stehen und uns an die Stelle der Entscheidung bringen. Es bedeutet, Gott zu bitten, uns zur Vergebung bereit zu machen, *selbst auf Kosten größerer Schmerzen*. Gott sei Dank, daß er so geduldig und gnädig mit uns ist und die Aufrichtigkeit unseres Wunsches inmitten des Kampfes ehrt.

Es gibt einen schönen Vorfall im Neuen Testament, der für solch eine Situation von Bedeutung ist (Mk. 9,14-29). Es ist die Geschichte eines Mannes, der seinen Sohn zu Jesus brachte, um ihn heilen zu lassen. Zuerst war er sich nicht sicher, ob Jesus ihn heilen wollte. Jesus sagte ungefähr so: „Natürlich werde ich ihn heilen – alle Dinge sind möglich dem, der da glaubt. Glaubst du, daß ich es kann?" Der Mann, der mit seinem Glauben kämpfte, sagte: „Ich glaube; hilf meinem Unglauben" (Mk. 9,24). Jesus antwortete: „Tut mir leid, aber offensichtlich ist dein Glaube nicht rein genug, um wirklich zu glauben. Ich mach dir einen Vorschlag. Gehe mit deinem Sohn nach Hause. Arbeite in den nächsten Wochen an deinem Glauben. Wenn du dann meinst, den perfekten Glauben erreicht zu haben und wirklich glaubst, dann bringe ihn wieder zu mir. Ich werde sehen, was ich dann für ihn tun kann."

Nein, nein, nein! Das hätten wir vielleicht gesagt, aber nicht Jesus. Statt dessen akzeptierte er den Wunsch des Vaters, ehrte seinen lückenhaften, aber entschlossenen Glauben, und heilte seinen Sohn. Jesus erkannte also seine Bereitschaft zu glauben und handelte danach. Genauso ehrt Jesus unsere Kämpfe und unsere Segel, die in Richtung Vergebung gesetzt sind. In dem Augenblick, wo wir sagen: „Herr, ich bin noch nicht ganz bereit zu vergeben, aber ich bin bereit dafür, daß du mich bereit machst – koste es, was es wolle", ist Gottes ermächtigende Gnade bei uns. Er ist uns treu und steht uns Schritt für Schritt zur Seite, bis wir sagen können: „Herr, ich bin bereit, daß du mich bereit machst.. Ich bin bereit zu vergeben ... Herr, ich vergebe!"

Um anderen Menschen in ihrer Entscheidungskrise zu helfen, frage ich sie oft: „Wenn Gott jetzt hier herein käme, und Ihnen ganz neue Gefühle für diese Person anbieten würde, würden Sie diese akzeptieren? Würden Sie diese Gefühle nehmen und sie einüben, ausprobieren und ihnen gestatten, Ihre eigenen Gefühle zu werden? Oder würden Sie darauf bestehen, die alten zu behalten?" Gewöhnlich antworten sie darauf: „So wie Sie es gesagt haben, verstehe ich, was Sie mit meinem Teil bei der Durchführung meinen. Ja, ich bin bereit, daß Gott mich bereit macht."

Die Bereitschaft zu vergeben bedeutet, daß wir nicht an unseren alten Gefühlen festhalten, sondern neue annehmen. Bitte merken Sie sich, daß ich nichts über den Inhalt der Gefühle gesagt habe, sondern über unseren Entschluß, der Person zu vergeben. Vom menschlichen Standpunkt aus ist der Wille zu vergeben unsere einzige Aufgabe.

Gottes Rolle – der Prozeß, unsere Gefühle zu verändern

„Aber muß ich diese schrecklichen Gefühle gegen diese Person nicht irgendwie überwinden?" Nein, das ist Gottes Rolle, nicht Ihre. Wir müssen Gottes Gebiet verlassen. Der Grund, warum der Herr sagt: „Die Rache ist mein; ich will vergelten, spricht der Herr" (Röm. 12,19), liegt darin, daß wir Gottes Gebiet betreten, wenn wir versuchen, uns zu rächen. Wir wollen dann das Vorrecht, das nur Gott zusteht, ausüben. Wir wollen dadurch die Dinge in unsere eigenen Hände nehmen und etwas zu *unserer* Angelegenheit machen, was nur *seine* ist. Genauso ist es, wenn wir jemandem vergeben wollen und dann versuchen, unsere Gefühle ihm gegenüber zu ändern. Wir brechen dann die göttliche Arbeitsteilung und versuchen etwas zu tun, was nur Gott tun kann.

Nach einem Leben als Seelsorger bin ich davon überzeugt, daß wir als gefallene Menschen unsere Gefühle gegenüber nichts verändern können — Ärger, Neid, Abhängigkeiten, Zuneigungen, Affären, oder was immer es sein mag. Also, was tun wir dann? Sagen wir einfach, daß es uns leid tut, daß wir so fühlen, aber nichts dagegen tun können? Nicht im geringsten. Egal, um welches Thema es sich handelt, es kommt zu einer Entscheidung, zu einer Willenskrise, wo wir entscheiden werden, ob wir Gott erlauben, die Gefühle zu ändern oder nicht. Das ist unsere Aufgabe. Es kann sein, daß wir die Entscheidung mehrmals wiederholen müssen. Zuerst müssen wir es vielleicht jede volle Stunde tun. „Ja, Herr, es ist mein Wille. Ich werde nicht an meinen alten Gefühlen festhalten; ich möchte neue akzeptieren." Aber das eigentliche Verändern der Gefühle ist Gottes Aufgabe.

Zwischen den beiden liegt ein großer Unterschied in bezug auf Zeit und Zeitpunkt. Als christlicher Teenager hörte ich einige der großartigsten Prediger sprechen. Es war das Zeitalter der Eisenbahn, und viele Illustrationen handelten davon. Ich werde mich immer an das herrliche Wortbild, das Dr. Henry Clay verwendete, erinnern. Er sagte: „Sie können Ihren Willen per Eilexpreß schicken, aber Ihre Gefühle kommen meist später als Frachtgut."

Ja, Ihr Entschluß kann in kurzer Zeit gefällt werden. Manchmal kann das, wenn wir soweit sind, in einem Krisenmoment geschehen. Aber eine Veränderung der Gefühle ist ein Prozeß und braucht gewöhnlich länger, um verwirklicht zu werden. Manchmal scheint Gott jede Schicht einzeln aufzudecken, indem alte Erinnerungen wiederkehren und neue kommen. Plötzlich erinnern wir uns an ein anderes Unrecht, oder ein anderes Bild erscheint in unseren Gedanken und alte Wunden öffnen sich. Aber wenn wir auch diese neuen Verletzungen Gott übergeben, ersetzt er die alten Gefühle mit neuen — ein immerwährender Prozeß.

Eine dramatische Illustration dessen fand im Leben von Corrie ten Boom statt. Nach dem Zweiten Weltkrieg war Corrie ten Boom in viele Länder gereist, um von ihren Holocausterfahrungen zu berichten. Sie betonte immer, daß Gott ihr vor langer Zeit die Gnade geschenkt hatte, ihren Peinigern zu vergeben. Schließlich kehrte sie zurück, um in Deutschland selbst zu sprechen. Eines Abends, nachdem sie in einem Gottesdienst in München gesprochen hatte, war sie geschockt, als sie in der Menge denselben SS-Offizier entdeckte, der den Duschraum des Ravensbrucker Gefängnisses bewacht hatte. Es war das erste Mal, daß sie einem dieser grausamen Gefängniswärter wiederbegegnet war. Plötzlich überkamen sie schreckliche Erinnerungen, die Berge schmutziger Kleidung, die Demütigung durch ihre Nacktheit, der Raum voller johlender Männer, das bleiche Gesicht ihrer Schwester Betsie. Eine Welle voller rachsüchtiger Gefühle kam in ihr auf. Sie konnte den anderen vielleicht vergeben, aber nicht diesem Mann. Und dann kam dieser Mann auch noch auf sie zu. „Oh, Fräulein", sagte er, „vielen Dank für Ihre Botschaft. Ich glaube, was Sie sagten, daß Gott mir vergeben und meine Sünden weggewaschen hat." Er streckte seine Hand aus, um ihre zu schütteln. Aber die Haßgefühle waren zu stark. Sie konnte nicht einmal ihre Hand erheben. Sie fühlte nichts, nicht einmal einen Funken an Mitleid. Wie konnte sie seine Hand schütteln? Es wäre glatt gelogen gewesen. Aber Gott flüsterte in ihr Herz: „Streck' einfach deine Hand aus, Corrie, das ist alles." Schließlich atmete sie tief durch, streckte ihre Hand aus und nahm seine. Als sie das tat, geschah etwas Erstaunliches. Es war, als ob ein elektrischer Strom ihre Schulter und ihren Arm bis in die Hand durchflutete. Der Zorn zerschmolz, und ein tiefes Gefühl der vergebenden Liebe durchströmte sie! Sie sagte: „Ich mußte Gott gehorchen und meine Hand ausstrecken. Er tat den Rest!"

Ich denke, daß es bei Joseph so ähnlich war. Er hatte seinen Brüdern gewiß viele Jahre zuvor vergeben. Das wissen wir genau, da er es sonst nie so weit gebracht hätte. Er hätte die Sklaverei, die Ungerechtigkeit, die Zeit im Gefängnis, die Desillusionierung nie überlebt, wenn er nicht den Geist der Vergebung gehabt hätte. Aber wie Corrie ten Boom *hatte er diese elenden Brüder über 20 Jahre lang nicht gesehen!* Als er sie dann sah, mußte er mit den bitteren Erinnerungen fertigwerden, einem Herz voll schmerzhafter Gefühle und den Augen voller Tränen. Aber er wiederholte noch einmal seine volle Vergebung für die bösen Dinge, die sie ihm absichtlich angetan hatten.

Dies ist eine Lektion, die auch wir lernen müssen – gehorsam unseren Willen zur Vergebung bewahren, selbst wenn uns andere Gefühle überwältigen. In diesem Zusammenhang ist vielleicht am wichtigsten, daß Gott nicht möchte, daß wir uns schuldig oder verdammt fühlen, wie lange der Prozeß auch dauern mag. Wir sollten uns nur freuen und dankbar sein, daß seine Liebe langsam aber sicher alle Ritzen und Spalten unseres Herzens füllt, alle Gefühle erneuert.

Selbstbeschuldigungen stammen nicht von Gott, sondern von Satan, der der wahre Ankläger der Kinder Gottes ist. Es ist ein dämonischer Versuch, unrein zu nennen, was Gott rein genannt hat. Hier sind einige praktische Vorschläge, den Angriffszeiten unserer wiederkehrenden Gefühle zu widerstehen:

Erinnern Sie sich an ihre Quelle – Satan, der Vater der Lügen
Wiederholen Sie Ihre Bereitschaft, zu vergeben
Weigern Sie sich, Schuld oder Verdammnis in Ihr Herz zu lassen
Erinnern Sie sich daran, daß Gott treu ist und Ihre Gefühle weiterhin verändern will
Erfreuen Sie sich daran, daß Gott sich mit Ihnen bei jedem Schritt freut.

Wir haben die allgemeine Arbeitsteilung für die Vergebung anderer bedacht. Nun möchte ich mit Ihnen einige Besonderheiten teilen, die ich als wichtige Zutaten der Vergebung empfinde. Diese sind immer wieder aufgekommen, als ich mit Menschen über dieses Gebiet sprach.

Verantwortung übernehmen

Es besteht ein untrennbarer Zusammenhang zwischen dem Willen, anderen Menschen zu vergeben und Verantwortung für unser Leben zu übernehmen. Gott lehrte mich das auf eine harte Weise – in meinem persönlichen Leben.

In meinem anfänglichen Leben als Christ (und viel länger, als ich es eigentlich zugeben möchte) glaubte ich nie, daß ich Fehler machte, oder daß mir etwas mißlang. Natürlich nicht wörtlich. Ja, ich habe Mist gebaut, etwas mißlang mir, ich machte schreckliche Fehler und bin gefallen. Aber nicht wirklich, weil es nicht *wirklich ich* war. Jedesmal, wenn mir etwas mißlang, ich fiel oder ein Ziel nicht erreichte, ging so eine Art Schalter automatisch in meinem Gehirn an. Wenn er an war, konnte ich in meinem Innern eine Stimme flüstern hören: „Das ist doch in Ordnung, David. Natürlich hast du Mist gebaut und einen Fehler gemacht. Mach dir darüber keine Gedanken. *Du hättest das gar nicht gemacht, wenn du eine andere Mutter gehabt hättest.*" Ich mußte den Schalter gar nicht betätigen – er ging von alleine an. Er war vollautomatisch, so wie die Türen eines Geschäfts, die sich automatisch öffnen oder schließen, wenn wir in ihre Nähe kommen. Ich schäme mich zuzugeben, daß ich damit jahrelang lebte und es glaubte. Es war ein Federbett, eine Decke mit eingebauter Entschuldigung, die mich immer polsterte, wenn ich fiel. Aber als Gott mich zu meiner eigenen Erfahrung der tiefen inneren Heilung führte, mußte ich durch die Gewässer der Vergebung waten. Und eines der ersten Dinge, auf die er mich aufmerksam machte, war: „David, das muß aufhören. Aber jetzt sind es nur noch du und ich, und niemand, dem man die Schuld in die Schuhe schiebt. Du mußt die ganze Verantwortung für dein Leben übernehmen — für deine Wahlmöglichkeiten, deine Haltungen und Handlungen. Aber jetzt sind sie ganz *dein*." Am Anfang fand ich das schrecklich schwer, weil der Schalter und die Stimme automatisch angehen wollten. Ich mußte sie selbst ausschalten und die Gewohnheit vieler Jahre beenden. Ich mußte bewußt daran arbeiten, *meine Entscheidungen zu treffen und volle Verantwortung für mein Leben zu übernehmen*. Dies war ein wichtiger Teil im Prozeß der Vergebung.

Vergebung und Verantwortung sind zwei Seiten derselben Münze. Es gibt viele Christen, die sich weigern, einander vollständig und von Herzen zu vergeben (Mt. 18,35), weil sie wissen: wenn sie es tun, müssen sie die volle Verantwortung für ihr Leben übernehmen und mit den Schuldzuweisungen aufhören. Ratsuchende sagen mir oft, daß sie jemand ganz loslassen müssen, wenn sie ihm vergeben.

Ich werde mich stets daran erinnern, wie Rob das veranschaulichte. Er arbeitete in der Metzgerei eines großen Supermarktes. Er bekannte mir, daß er einen tiefen Groll gegen seine Brüder hegte, die ihn nicht zu einem Familientreffen eingeladen hatten. Dann fragte er mich: „Sind Sie jemals in einem großen Gefrierraum gewesen, wie er hinten in unserer Metzgerei ist?" Ich sagte, daß ich so einen nur vom Fernsehen kannte. „Unserer ist wirklich groß. Er ist gefüllt mit Rinderhälften, Schinken und anderen Fleischstücken. Die hängen alle an großen Haken von der Decke. Neulich, als ich wieder einmal an meine Brüder dachte, gegen die ich eine große Abneigung habe, sagte Gott zu mir: ,Es ist so, als ob du sie alle an Haken in den Gefrierschrank deines Herzens gehängt hättest. Du mußt ihnen vergeben und sie von den Haken herunternehmen, damit sie wieder in dein Leben treten können.'" Er fügte hinzu: „Ich konnte die Vorstellung nicht aus meinen Gedanken bekommen. Ich konnte sie an den Haken meines Hasses aufgespießt sehen. Beten Sie mit mir, Pastor. Ich muß ihnen vergeben und sie von den Haken lassen."

Zuvor hatte ich über Bitterkeit und Haß nur in Begriffen von Wärme und Hitze gedacht — das langsame Verbrennen, kochendes Wasser, oder ein Vulkanausbruch mit rotglühend fließender Lava. Aber dieses Bild der Menschen, die in einem Gefrierschrank hängen, war so lebhaft, daß ich es nie vergaß. Ich bin froh, Ihnen mitteilen zu können, daß der Heilige Geist Robs Herz mit warmer Agapeliebe füllte. Sie taute sein Herz auf und gab ihm die Gnade, seine Brüder vom Haken und in sein Leben zu lassen. Nachdem alles vorüber war, gab er zu, daß es ein wesentlicher Bestandteil für die Vergebung und Aussöhnung war, seinen Teil der Verantwortung für die zerbrochene Beziehung auf sich zu nehmen.

1989 hatten Helen und ich im Sommer das große Vorrecht, eine Gemeinde in Estonien/UDSSR zu betreuen. Da sie die einzigen Methodisten waren, die in der Sowjetunion übriggeblieben waren, litten sie unter schrecklicher Verfolgung. Viele hatten physische und emotionale Narben von ihrem Aufenthalt in sibirischen Konzentrationslagern davongetragen. Weil die Russen den estonischen Pfarrern nicht erlaubten, eine Ausbildung außer Landes zu erhalten, schickte das Asbury College Professoren dorthin. Ich ging hauptsächlich, um zu predigen und Seminare über Seelsorge zu halten. Eines Tages führte mich der Geist so, daß ich meine geplante Vorlesung nicht hielt, sondern über das Thema dieses Kapitels sprach. Die Reaktion war überwältigend. Die Pastoren weinten, beteten und bekannten ihre Verletzungen und ihre Bitterkeit ebenso, wie die Leute der Gemeinde.

Danach sagte der Gemeindeleiter zu mir: „Darüber haben wir nie nachgedacht. Wir haben unseren Feinden all die Jahre vergeben und versucht, den Haß aus unseren Herzen fernzuhalten. Aber Gott hat heute zu uns gesprochen, und wir müssen unser ganzes Verhalten ändern; über vierzig Jahre lang haben wir alle Schuld den Russen gegeben. Es war unsere Ausrede für alles, was falsch lief. Ich sehe, daß wir damit aufhören, wirklich vergeben und die volle Verantwortung für uns selbst und die Zukunft unserer Kirche übernehmen müssen." Es war ein bewegendes, durch den Heiligen Geist gewirktes Ereignis, da ich nichts über den speziellen Aspekt dieses Problems wußte. Es bestätigte in großem Maße, was ich vorher nur durch die Leben einzelner erfahren hatte — daß Vergebung und Verantwortung eng miteinander verbunden sind.

Gibt es jemanden, dem Sie nicht so richtig vergeben möchten, weil es dann mit den Sticheleien und Schuldzuweisungen ein Ende hätte? Weil Sie dann die volle Verantwortung für Ihr Leben übernehmen müßten? Oft wollen wir unseren Ärger *nicht wahrhaben*, bis wir die Verantwortung für unser Leben *anerkennen*.

Von Ärgerfässern und Reißwölfen

Nach der Krisenentscheidung, jemandem zu vergeben, ist eine Vorstellung hilfreich, die den Prozeß, wie Gott unsere Gefühle ändert, verdeutlicht. So hatte ich gedanklich ein Ärgerfaß, in welches ich alle wiederkehrenden Gefühle des Ärgers legen wollte. Ich stellte mir das Kreuz Jesu vor, und auf dem Querbalken stand abgekürzt Epheser 4,32: „Seid aber untereinander freundlich und herzlich und vergebt einer dem anderen, wie auch Gott euch vergeben hat in Christus." Unter dem Kreuz stand ein Faß. Jedesmal, wenn mich ein altes Gefühl überkommen wollte, wiederholte ich meine Bereitschaft zu vergeben, schaute auf das Kreuz und warf die Gefühle in das Faß. Warum dieses spezielle Bild? Ich glaube, weil wir unser Hab und Gut in riesigen Fässern nach Indien brachten. Unser Missionsvorstand hatte uns empfohlen, alles in runde Container zu packen, anstatt in eckige Kisten. Die Erfahrung hatte gezeigt, daß so fast nichts zu Bruch ging. Sie hatten recht. Wir polsterten die Trommeln innen mit Decken, Kleidung und einem Fünfjahresvorrat an Toilettenpapier aus! Kein einziger Teller zerbrach. So hatte ich Fässer und Trommeln im Sinn, und kam deshalb auf die Idee mit dem Ärgerfaß.

Vor vielen Jahren habe ich einmal darüber gepredigt. Eine Dame kam nach der Predigt zu mir und sagte, daß ihr die Predigt gut gefallen hätte, aber daß sie nicht viel von dem Ärgerfaß hielt. „Ich glaube nicht, daß ich jemals ein Faß gesehen habe", sagte sie verdrießlich. Da ich wußte, daß sie gegen Bitterkeit kämpfte, empfahl ich ihr, sie sollte den Heiligen Geist um ein Bild bitten, daß ihr helfen würde. Von dieser Idee war sie nicht sehr begeistert. Am nächsten Tag sagte ihr Chef, daß sich in den letzten Monaten zuviel Papier im Büro angesammelt hätte und ein Ausräumen nötig wäre. Er meinte: „Ich möchte, daß Sie die Akten durchsehen und das, was wir nicht mehr brauchen, aussortieren und in den Reißwolf geben. Das lasse ich dann wegbringen. Ich halte das Durcheinander nicht länger aus."

Als sie dies ausführte, flüsterte der Heilige Geist ihr zu: „Das ist genau, was du tun mußt. Du mußt deine alten Gefühle in den Reißwolf werfen, und das ganze Zeug aus deinem Herzen ausräumen." Am nächsten Sonntag teilte sie mir dann mit, daß ihr der Heilige Geist genau das passende Bild geschenkt hatte. Von Zeit zu Zeit sagte sie dann lächelnd: „Diese Woche habe ich wieder den Reißwolf benutzt – noch dazu mit Höchstgeschwindigkeit!" Nur Gott und ich wußten, was sie meinte.

Über die Jahre haben mir viele Menschen alle Arten von geistigen Bildern geschildert, die sie hilfreich fanden, während Gott mit ihren alten Gefühlen aufräumte – Gräben, Gruben und Müllhalden, um sie zu vergraben; Seen und Meere, um sie zu versenken; verschiedene Arten von Schornsteinen, um sie zu verbrennen; Laserstrahlen und Waffen aus „Krieg der Sterne", um sie auszulöschen. Und ich? Ich bin immer noch im tiefsten Mittelalter mit meinem Ärgerfaß ...

Vergeben und Vergebung aufnehmen

Bis jetzt haben wir uns nur um die aktive Vergebung gekümmert – denen zu vergeben, die uns Unrecht getan haben. Wir wissen, daß Jesus eine große Betonung auf unsere Bereitschaft zur Vergebung legt – ein Schlüsselfaktor dafür, daß uns vergeben wird. Aus Erfahrung weiß ich, wie eng beides zusammenhängt, und daß der Fluß der Vergebung in beide Richtungen fließen kann. Ich habe etliche ungerettete Menschen gesehen, bei denen der Akt des Vergebens zum Instrument ihrer eigenen Vergebung und Rettung wurde.

Eine Frau schrieb mir, daß sie mein Buch „Heilung der Erinnerungen" in einem Buchladen gesehen hatte. Sie war keine Christin und wurde vom Test auf dem Umschlag abgeschreckt. Sie wollte es wieder hinlegen, aber entschloß sich doch, in das Inhaltsverzeichnis zu sehen. Da sie von einem nahen Verwandten sexuell mißbraucht worden war, wurde ihre Aufmerksamkeit auf das Kapitel über das Heilen sexueller Traumata gelenkt. Sie kaufte das Buch und fing an zu lesen, wurde aber sehr wütend, als es sie aufforderte, dem Täter zu vergeben. Sie las weiter, dachte aber weiterhin, daß sie ihm nie vergeben könnte – sogar nicht vergeben sollte. Sie trug diesen mörderischen Haß schon so lange in sich, daß es ihr körperliche Beschwerden verursachte. Plötzlich erinnerte sie sich daran, daß ihr Arzt sie einmal gefragt hatte, ob „etwas in ihr am Bohren wäre, daß sie vielleicht lösen sollte." Sie beschloß, daß sie sich zwingen würde, sich selbst zu vergeben, wußte aber nicht, wie.

Sie war überhaupt nicht in der Lage, zu erklären, was innerhalb der nächsten Stunde mit ihr geschah, als sie eine Lösung von Jahren des Hasses verspürte und das tiefe Gefühl, daß Gott sie sehr liebte und ihr wahrer Vater sein wollte. Es war der Beginn einer einzigartigen Bekehrung und eines veränderten Lebens. Als sie vergab, fand sie sich selbst vergeben, geliebt und verändert, ohne daß sie jemals direkt darum gebetet hatte.

Dann gibt es noch ein anderes Phänomen. Während wir mit anderen beten, werden sie oft von quälenden Schmerzen zerrissen, wenn sie ihre Verletzungen sehen und damit kämpfen, die Gnade der Vergebung zu finden. Oft hören wir mittendrin auf, wenn sie dafür beten, jemand anderem zu vergeben. Aber nach einer Pause sagen sie dann: „Herr, auch *mir muß vergeben werden.* Natürlich haben sie mich sehr verletzt, aber ich habe ganz falsch darauf reagiert. Ich habe gehaßt und wollte es ihnen heimzahlen. Dafür muß mir vergeben werden. Oh Gott, vergib mir." Wenn sie sich zur Vergebung entschließen, zeigt ihnen der Geist ihr eigenes Bedürfnis, Vergebung zu bekommen.

Einmal hatten wir in einem Seminar über Heilung noch eine abschließende Diskussionsrunde. Ein vornehmer, weißhaariger Mann sagte: „Ich weiß, wovon Sie sprechen. Wir waren nur zwei Kinder in unserer Familie. Ich war der ältere von zwei Brüdern, es war wie in Jesu Gleichnis. Ich hatte einen jüngeren Bruder, der meinen Eltern das Herz brach und den guten Ruf unserer Familie in der Nachbarschaft ruinierte. Ich haßte ihn für das, was er meinen wundervollen Eltern antat. Fast vierzig Jahre lang ging das so. Aber dann wurde er sehr krank und kehrte als gebrochener Mann nach Hause zurück. Er bereute alles und kam zu Christus, und wir alle vergaben ihm und wurden vor seinem Tod als Familie ausgesöhnt. Ich habe ihm wirklich vergeben. Aber Sie sagten heute, daß auch unser Haß vergeben werden muß. Es war mir nie bewußt, aber heute sehe ich ganz deutlich, daß mir diese Jahre des Hasses vergeben werden müssen." Und der liebe alte Mann, der in seiner Gemeinde so hoch angesehen war, demütigte sich selbst und bat die Gruppe, ihm die Hände aufzulegen und für ihn zu beten. Bevor es vorbei war, weinten wir alle, als Gott ihn in seiner vergebenden Liebe wusch.

Ja, wir müssen vergeben; aber denken Sie daran, daß auch uns vergeben werden muß. Jesus betonte, wie dicht beides beieinander liegt. Es ist nicht so, daß Gott uns erst vergibt, wenn wir anderen vergeben; sondern eher, daß er uns nicht vergeben kann oder daß wir seine Vergebung ohne unsere Bereitschaft zu vergeben nicht erfahren können. Ich war immer der Meinung, daß eines vom anderen beeinflußt wird. Es gilt nicht nur Lukas 6,37: „Vergebt, so wird euch vergeben", sondern auch Epheser 4,32: „Vergebt einer dem anderen, wie auch Gott euch vergeben hat."

Sich selbst vergeben

Aber es gibt noch einen weiteren Aspekt der Vergebung — nämlich den, sich selbst zu vergeben, was vielleicht am schwierigsten ist. Das äußert sich oft dramatisch bei denjenigen, deren Schuldgefühl so stark ist, daß es sie davon abhält, die gute Nachricht der Vergebung irgendwie zu empfangen.

Am 11. November 1976 sah ich ein Fernsehinterview mit zwei verurteilten Kriminellen. Der eine war X. L. White, ein Mörder, der drei Menschen in McKinney, Texas, getötet hatte. Während des Interviews sagte er: „Ich werde niemanden um Vergebung bitten. Das verdiene ich nicht." Der andere war Gary Gilmore, ein verurteilter Mörder im Utah Staatsgefängnis. Er weigerte sich, etwas zu sagen, aber nickte, als der Gefängnispfarrer seine Gefühle ausdrückte: „Er ist nicht selbstmörderisch oder geistig unstabil. Er weiß genau, was er tut. Er fühlt sich seines Verbrechens sehr schuldig und möchte für seine Sünden Buße tun. Er möchte sterben." Ein paar Tage später wurde er von einem Exekutionskommando hingerichtet – die erste Todesstrafe, die seit vielen Jahren ausgeführt wurde. Wie traurig, wo Gott doch selbst an das alte, verwitterte Kreuz mit Blut geschrieben hat: „Deine Sünde ist dir vergeben, und deine Missetat ist von dir genommen." Traurig, aber verständlich, wenn Menschen sich total weigern, die Barmherzigkeit und Gnade Gottes anzunehmen.

Es ist genauso traurig und schwer zu verstehen, daß viele Christen durchs Leben gehen und sagen: „Ja, ich weiß, daß Gott mir vergeben hat, und habe denjenigen vergeben, die mir Unrecht getan haben. Aber es gibt ein paar Dinge in meinem Leben, die ich mir selbst nicht vergeben kann." Und so geißeln wir uns, indem wir nie die volle Vergebung genießen und mit halber Kraft leben.

Das ist die richtige Stelle, um zu Joseph zurückzukehren. In 1. Mose 45,5 finden wir eine der erstaunlichsten Stellen in dem unglaublichen Drama. Weil er wußte, daß es seinen Brüdern schwerfallen würde, seine Vergebung anzunehmen, und es für sie schwer sein würde, sich selbst zu vergeben, tröstet Joseph sie in einem Akt unglaublicher Selbstlosigkeit. So sagte er zu ihnen: „Und nun bekümmert euch nicht und denkt nicht, daß ich darum zürne, daß ihr mich hierher verkauft habt." Er war also viel mehr darüber besorgt, wie *sie sich fühlen würden* als darüber, wie er sich fühlen würde! Aber trotz seiner Versuche konnten seine Brüder ihm nicht ganz glauben – es war zu schön, um wahr zu sein. Und so kämpften sie siebzehn Jahre später (47,28), nachdem ihr Vater Jakob gestorben und begraben war, wieder einmal mit ihrer Schuld, gewiß, daß Joseph sich nun an ihnen rächen würde (50,1-17). Joseph war so schockiert über ihr mangelndes Vertrauen, daß er weinte (50,17) und noch einmal seine Vergebung für sie wiederholte: „So fürchtet euch nun nicht; ich will euch und eure Kinder versorgen. Und er tröstete sie und redete freundlich mit ihnen" (50,21).

Bevor Sie jetzt die ungläubigen Brüder kritisieren, schauen Sie sorgfältig in den Spiegel und überlegen Sie, ob wir Gott nicht oft genauso behandeln. Trotz all seiner Verheißungen, durch welche er uns die volle und totale Vergebung zusagt, können wir es oft nicht glauben. Und so vergeben wir uns oft nach unserer Erlösung selbst nicht, sondern strafen uns, indem wir uns selbst klein machen und uns selbst bestrafen.

Da ist noch ein Fall, wo wir, unter dem Kreuz Christi stehend, den energischen Entschluß fassen müssen, uns selbst zu vergeben und Gott darum bitten sollten, unsere Gefühle gegen uns selbst zu verändern. So wie Joseph über die ständige Selbstgeißelung seiner Brüder weinte, leidet Gott, daß wir daran scheitern, uns selbst zu vergeben.

Vergebung und Versöhnung

Die Josephsgeschichte verdeutlicht den wichtigen Unterschied zwischen Vergebung und Versöhnung. Als Christen geraten wir in Schwierigkeiten, wenn wir davon ausgehen, daß beide Begriffe identisch sind. Sie sind es nicht, und wir müssen sorgfältig den wichtigen Unterschied herausfinden. Joseph hatte seinen Brüdern viele Jahre zuvor vergeben. Wie wir in Kapitel 8 gesehen haben, deuten die Namen, die er seinen Kindern gab, die einzigartige Heilung seiner schmerzhaftesten Erinnerungen an. *Er hatte ihnen vergeben, aber er war noch nicht mit ihnen ausgesöhnt.* Darauf mußte er noch 20 Jahre warten: „Er fiel seinem Bruder Benjamin um den Hals und weinte, und Benjamin weinte auch an seinem Hals, und er küßte alle seine Brüder und weinte an ihrer Brust. Danach redeten seine Brüder mit ihm" (45,14-15).

Denjenigen, die uns Unrecht taten und uns verletzten, zu vergeben, ist eine Sache; sich mit ihnen auszusöhnen, eine andere. Wenn wir vergeben, werden die Wände, die wir errichtet haben und die uns trennten, eingerissen. Was uns betrifft, so sind wir jetzt in der Lage, zu ihnen zu gehen, um uns mit ihnen zu versöhnen. In den meisten Fällen, wenn wir Gott unsere Bereitschaft zur Vergebung anbieten, möchte er auch die Bereitschaft von uns, zu den Menschen zu gehen, um uns mit ihnen zu versöhnen. Denn obwohl sie unsere Vergebung benötigen, brauchen wir ihre. Das ist nicht einfach und verlangt von uns Demut und Gnade. In den meisten der *einfacheren Situationen des Lebens* können wir denen, die uns Unrecht taten, vergeben und sie um Vergebung für unsere unrechten Gefühle ihnen gegenüber bitten. Dann kann die zerbrochene Beziehung wiederhergestellt werden.

In der Bergpredigt geht Jesus noch einen Schritt weiter (Mt. 5,23-24), wenn er davon spricht, daß wir den ersten Schritt der Versöhnung tun sollen, selbst wenn die Personen etwas gegen uns haben. Wir sollen zu ihnen gehen und alles tun, um die Barrieren zwischen uns zu beseitigen. In Mt. 18,15-17 gibt uns Jesus genau Anweisungen, wie wir denjenigen, die gegen uns gesündigt haben, gegenübertreten sollen. Er ist Realist genug, um uns zu sagen, daß wir nicht jedes Mal Erfolg erwarten können.

Aber kurz danach erzählt Jesus die Geschichte des undankbaren Dieners, die etwas ganz klar macht. Wir müssen immer von ganzem Herzen vergeben. Als Christen haben wir keine andere Möglichkeit (Mt. 18,35).

Dennoch weiß Jesus, daß wir, obwohl wir immer vergeben müssen, deshalb nicht immer eine Versöhnung erwarten können. Wir Christen bringen uns unter eine schreckliche Last von Schuld, wenn wir versuchen, einen höheren Standard als der Herr selbst zu erreichen. Ein evangelikaler Mythos lautet: Wenn wir jemandem vollständig vergeben und alles tun, um uns mit ihm zu versöhnen, wird er immer mit Vergebung und Versöhnung antworten, und ab da wird dann alles zwischen uns in Ordnung sein. In den einfacheren Situationen des Lebens mag es so funktionieren. *Das Problem ist aber, daß das Leben nicht immer so einfach ist. Vergebung ist immer eine Einbahnstraße. Versöhnung dagegen ist immer eine „Zweibahn"-straße.*

Ich habe viele Predigten und Seminare gehört, wo diese Unterscheidung nicht gemacht wurde. Sie überladen aufrichtige Christen mit unmöglichen Bedingungen und unrealistischen Hoffnungen. Wenn diese Christen, nachdem sie ihren Schuldnern vergeben haben, dann Versuche der Wiederherstellung machen, kommen sie in ein geistiges Massaker. Ich habe gesehen, wie dadurch allen Seiten Schaden zugefügt wurde, eingeschlossen einige Ehen und Familienbeziehungen, die völlig zerstört wurden. In der Bergpredigt, in der uns Jesus sagt, daß wir zu unserem Bruder gehen sollen, heißt es auch: „. . . eure Perlen sollt ihr nicht vor die Säue werfen, damit die sie nicht zertreten mit ihren Füßen und sich umwenden und euch zerreißen" (Mt. 7,6). Sorgsam und betend müssen wir die Balance zwischen beiden Anordnungen finden.

Es gibt einige unglaublich komplexe Lebensumstände, was Vergebung und Aussöhnung betrifft. Wir müssen uns eingestehen, daß es einige Situationen im Leben gibt, die wir nicht gewinnen können, in denen unsere Vergebung immer eine Einbahnstraße bleiben wird. Oder wo wir sehr lange warten müssen, bis man sie in beide Richtungen der Aussöhnung befahren kann. Das will ich damit sagen: Eilen Sie nicht *aus einem Schuldgefühl oder innerem Drang heraus in eine Konfrontation oder einen Aussöhnungsversuch. Bremsen Sie sich und warten Sie auf den Herrn. Seien Sie sicher, daß Sie in seinem Zeitplan und Zeitrahmen sind und nicht in Ihrem eigenen.* Wenn Sie Zweifel haben, lassen Sie sich von reiferen Personen beraten.

Zwanzig Jahre lang mußte Joseph darauf warten, mit seinen Brüdern ausgesöhnt und mit ihnen zusammengebracht zu werden. Sie werden jetzt sagen, daß ihm dies durch die Umstände, die er sich nicht aussuchen konnte, aufgezwungen worden war. Aber das ist nur ein Teil der Wahrheit. Die ersten dreizehn Jahre hatte er keine Wahl, aber was ist mit den nächsten sieben? Warum versuchte er nicht, mit seiner Familie in Kontakt zu treten, als er der Premierminister Ägyptens war und dies eine Leichtigkeit für ihn gewesen wäre? Ich glaube, Joseph wartete auf Gottes „kairos" – die richtige Zeit, die reife Zeit, als „die Zeit gekommen war".

Ein Großteil meiner Seelsorge findet mit Menschen statt, die Opfer der Sünden anderer Leute wurden – Partnern und Kindern von Alkoholikern, Kindern aus zerbrochenem Elternhaus, den körperlich und sexuell Mißhandelten, die, deren Ehe durch Untreue oder Mißhandlung zerbrach, und viele aus anderen komplexen Situationen. Nachdem ich ihnen geholfen habe, ihren Tätern zu vergeben, verbringe ich gewöhnlich lange Zeit mit dem nächsten Schritt. Genauso wie Christus immer verlangt, daß wir bereit sind zu vergeben, so verlangt er auch unsere *Bereitschaft* zur Versöhnung. Aber das garantiert nicht, daß das immer möglich oder angebracht ist. Deshalb verbringen wir viel Zeit im Gebet und bringen Gott unsere Bereitschaft dar, aber warten auch auf die Anweisung des Heiligen Geistes, was Handlung und Zeitpunkt betrifft. Um die bekannte Formulierung von Hannah Whitehall Smith zu benutzen: Wir beten „das Gebet des Loslassens" und legen damit die Sache in Gottes Hände, damit er sie leitet. Wir wollen im Gebet sensibel für die Führung des Geistes bleiben, aber dem Angriff Satans, der uns schuldig machen oder uns zu dummen Handlungen führen will, resolut widerstehen.

In meinem Buch „Befreit vom kindischen Wesen" erzählte ich Ihnen die Geschichte von Irene. Es ist das beste Beispiel für solch eine Situation, das ich kenne; deswegen möchte ich einen Teil davon wiederholen, aber auch eine Aktualisierung davon geben. Irene bat mich um Hilfe, als sie im College war. Ihr tiefstes Problem war der Kampf mit dem starken Groll gegen ihren alkoholsüchtigen Vater, der sie als Teenager sexuell mißbraucht hatte. Während unserer Gebetszeiten hatte Gott ihre Erinnerungen wunderbar geheilt und sie in die Lage versetzt, ihm ganz zu vergeben. Wegen der komplexen Familienumstände meinten wir beide, daß es am besten sei, zukünftige Anweisungen des Herrn abzuwarten. Sie kam in eine Gruppe von Studenten, die viel unternahmen, und so hörte ich nur noch gelegentlich von ihr. Dann kam ein vier Seiten langer Brief. Ihr Vater war ernsthaft krank geworden und wollte sie vor seinem Tod noch einmal sehen. Obwohl sie überzeugt war, daß es die Führung des Geistes war, trat sie die Reise voller Angst und Zögern an. Hier sind ein paar Abschnitte aus ihrem Brief.

Ich war mir nicht ganz sicher, wie ich meinem Vater entgegentreten würde — ob meine Gefühlswelt tatsächlich so geheilt war, wie ich sicher vermutete, oder ob mich, wenn ich mich ihm körperlich näherte, wieder eine Welle von Übelkeit überkommen würde und ob all die Worte der liebevollen Zuwendung, obwohl sie von Herzen kamen, dennoch über meine Lippen gepreßt werden müßten. Die beiden Wochen, die ich bei Mama und Papa war, waren fantastisch. Ich konnte es fast spüren, wie der Herr mich umfing, wie er seine Arme um mich legte, wie er mich in allem führte, was ich sagte und tat! Es war ein schönes, unvergeßliches Erlebnis, für das ich den Herrn pries. Um nichts in der Welt hätte ich das verpassen mögen! Ich war erfüllt von der besonderen Freude und dem Frieden, die er schenkt. Ohne den Herrn Jesus wäre ich ein nervliches Wrack gewesen, das für niemanden eine Hilfe gewesen wäre.

Als ich Papa anschaute, kam es mir so vor, als herrschte vom ersten Augenblick an völlige Harmonie und ein tiefes Verständnis zwischen uns, und mit ungeheuchelter und froher Liebe schlang ich meine Arme um seinen schwachen, dünnen Leib, küßte ihn und sagte ihm, daß ich ihn liebhabe. Die Tränen rannen ihm von den Wangen. Er und ich, wir beide wußten, daß alles, was in der Vergangenheit lag, vergeben und im Blute des Lammes abgewaschen war. Es herrschten Heilung, Gesundheit und unausgesprochenes Verstehen. Mein Herz war von Freude erfüllt. Die Heilung und die Liebe, deretwegen ich vor so langer Zeit dem Herrn vertraut hatte, gehörten jetzt mir, und zwar nicht nur, als ich weit genug von der Schwierigkeit entfernt war, um sie mir theoretisch anzueignen, sondern sie waren da, als ich in den Armen meines Vaters lag.

Der Rest des Briefes beschreibt, wie sie das Privileg hatte, ihren Vater in seinen letzten Tagen zu Christus zu führen. Irenes Vergebung mußte fast zehn Jahre warten, bevor es zur Aussöhnung kommen konnte.

Aber der beste Teil der Geschichte ist die Aktualisierung. In den Jahren nach diesem Vorfall teilte sie anderen erst zögernd ihre Geschichte mit — zunächst einzelnen Frauen, dann kleinen Gruppen, die immer größer wurden. Seit ein paar Jahren aber ist sie weltweit unterwegs, um Inzestopfern zu helfen. Sie ist eine von Gottes geheilten Helfern. Weil sie vergab und dann Gottes Zeitpunkt abwartete, konnte er das, was als Böses gedacht war, nehmen, „um es gut zu machen, um zu tun, was jetzt am Tage ist, nämlich am Leben zu erhalten ein großes Volk" (1. Mose 50,20).

Und diesem großartigen Gedanken wenden wir uns jetzt im Leben Josephs zu. Es ist das letzte Kapitel im Gottesplan der Erlösung — seine Macht, Böses zu nutzen und damit seine Ziele zu erreichen zu unserem Besten und zu seiner Ehre.

Kapitel 10

Die 50/20 - Vision des Träumers

Ich bin ein begeisterter Anhänger von Science Fiction. Als Kind liebte ich die Comics über Buck Rogers und später die ernsteren Kurzgeschichten und Romane; jetzt genieße ich es, Science Fiction-Filme im Fernsehen zu sehen. Eine der gebräuchlichsten Maschinen in diesem Metier ist die Zeitmaschine. Sie versetzt uns bequem in die Lage, in der Zeit vor oder zurück zu gehen, und am Leben von Menschen in der Vergangenheit oder Zukunft teilzunehmen. Der Erfolgsfilm *Zurück in die Zukunft* nutzte diese Idee mit einer faszinierenden Handlung: Ein junger Mann ging in die Zeit vor seiner Geburt zurück, als seine Eltern noch in der Schule waren und sich kennenlernten.

Stellen Sie sich vor, Sie sind gerade in eine Zeitmaschine eingestiegen und reisen mehrere tausend Jahre zurück. Wir erleben gerade, wie der junge Joseph an die midianitischen Sklavenhändler verkauft wird. Es ist die erste Nacht auf der Reise nach Ägypten; die Karawane hat ihr Nachtlager aufgeschlagen. Das Abendessen wurde mit einem großen Glas Wein beendet. Alle schlafen fest in ihren Zelten. Alle — außer Joseph. Weil er ein extrem schlauer und selbstbewußter junger Mann ist, tut er nur so, als ob er schläft. Beobachten Sie ihn. Wir können kaum glauben, was wir sehen. Seine Wächter hatten die Ketten, die ihn festhielten, etwas gelockert, damit er schlafen kann, und irgendwie hat er es geschafft, sich daraus zu befreien. Er versuchte tatsächlich, von diesen furchterregenden Männern zu fliehen. Sie sind noch nicht weit gekommen, und Joseph ist ein starker junger Mann, der die Gegend wie seine Westentasche kennt. Er rechnet sich aus, daß er bis zur darauffolgenden Nacht wieder in Dotan sein und dort bei entfernten Verwandten bleiben könnte, die ihm auch helfen würden, wieder nach Hause zu kommen. Beobachten Sie ihn, wie er ruhig aus dem Zelt klettert und sich am Rand des Lagers entlangschleicht. Oh, was ist das? Ein dürrer Hund sieht ihn und beginnt zu bellen. Wenn er so weitermacht, werden die Männer noch wach und ihn wieder fangen. Jetzt kommt das Tolle an Science Fiction. Wir sind dicht dabei, aber vollkommen unsichtbar für Joseph und den Hund. Zum Glück! Wir entdecken einen rostigen Zeltnagel am Boden. Blitzschnell heben wir ihn auf und schmeißen ihn dem Hund an den Kopf. Jetzt herrscht wieder Stille. Joseph wartet, bis die Midianiter sich umgedreht haben und weiterschlafen. Dann stiehlt er sich verstohlen in die Nacht und flieht. Innerhalb weniger Tage ist er zu Hause. Es gibt einen schrecklichen Familienkrach, aber Jakob ist so froh, seinen Lieblingssohn wieder zu haben, daß bald Gras über den Vorfall wächst und sie für immer glücklich miteinander leben.

Dies sind die wunderbaren Möglichkeiten des Science Fiction und der Zeitmaschine. Aber wenn wir dann den Kontrollknopf drücken und sehen, wie das alles weitergeht, sind wir erschrocken. Dreizehn Jahre später, als die große Hungersnot kommt, gibt es keinen klugen Joseph in Ägypten und kein Körnchen zu essen. Kanaan und Ägypten werden durch die Hungersnot vernichtet. Die Hethiter und andere wilde Stämme vernichten diejenigen, die die Hungersnot überlebten. Ein paar Barbaren drehen die Zivilisation um Jahrhunderte zurück. Der Plan Gottes für sein Volk und die Vorbereitung für den Messias werden unterbrochen und verzögern sich. Die ganze Welt ist anders. Und das alles nur, weil Sie und ich überängstlich waren und eingriffen, indem wir einen räudigen Beduinenhund töteten, um einen unschuldigen Teenager vor vielen Problemen zu bewahren.

Es gibt keine Geschichte in der Bibel, die die überragende Vorsehung Gottes in unserem Leben besser illustriert, als die Josephs. Sie sagt uns: „Wir wissen aber, daß denen, die Gott lieben, alle Dinge zum Besten dienen, denen, die nach seinem Ratschluß berufen sind" (Röm. 8,28). Selbst in den unwahrscheinlichsten Vorfällen in Josephs Leben war Gott am Werk und kehrte sie zum Besten. Erinnern wir uns an einige:
- Er wurde in die Sklaverei nach Ägypten verkauft, wo Gott später Zeit hatte, eine große Nation aus seinem Volk zu machen, weil sie unter ägyptischem Schutz lebten.
- Er wurde an Potiphar, den Obersten der königlichen Leibwache, verkauft. Dies ermöglichte Joseph, „ägyptisiert" zu werden und brachte ihn in die Nähe des Pharaos selbst.
- Seine ungerechte Verhaftung und Gefangennahme aufgrund der unrechten Beschuldigungen einer verschmähten Frau. Dies brachte ihn in

das königliche Gefängnis, wo er Kontakt mit den Dienern des Pharaos hatte und ihre Träume übersetzte.

– Zwei volle Jahre war er von dem undankbaren Mundschenk vergessen worden. Dann erinnerte sich dieser im richtigen Moment an Joseph, den einzig möglichen „Deuter" der Träume des Pharaos.

Dreizehn Jahre hatte es gedauert. Dreizehn schreckliche und tragische Jahre, die hauptsächlich mit Bösem angefüllt waren – Haß, Leid, Finsternis, Unrecht, menschliches Versagen und dem, was für uns in der Zeitmaschine einfach wie Pech aussieht. Ich wage zu behaupten, daß wir, falls wir gekonnt hätten, wahrscheinlich etliche Male in die Bresche gesprungen wären, um alles zu einem glücklicheren Ende zu bringen. Natürlich sehen wir jetzt, wo wir auf die gesamte Josephsgeschichte blicken können, die tiefe Wahrheit – daß Gott in der Lage ist, selbst Sünde, Verbrechen, Versagen und Fehler der Menschen für seine Zwecke zu nutzen. Es ist nichts so zufällig oder nebensächlich, so dumm oder schlecht, daß Gott es nicht alles in seiner Vorsehung verwerten kann. Ja, im Nachhinein zu erkennen, was richtig ist, ist 50/20. Unser Augenoptiker sagt, daß man damit das beste Sehvermögen bezeichnet.

50/20 - Sehen

Aber Joseph hatte ein noch besseres Sehvermögen. Er kombinierte *Sehen mit Vorsehung und Nachher-sehung in seine 50/20 Vision.* In *1. Mose 50,20* sagt er seinen Brüdern: „Ihr gedachtet es böse zu machen, aber Gott gedachte es gut zu machen." Josephs unerschütterlicher Glaube an den Gott seiner Träume war überzeugt davon, daß selbst das Böse, was ihn verletzen sollte, nicht nur genutzt werden konnte, um *ihm zu helfen, sondern letztendlich auch denjenigen, die es böse mit ihm meinten.* Denn ihr absichtliches Böses nutzte Gott, um „viele Leben zu retten", *ihre eingeschlossen.*

Wir Christen brauchen diese 50/20 - Vision, wenn es auf das Gesamtbild ankommt, das heißt, die größeren Ereignisse im Weltgeschehen, die in die Geschichte eingehen. In den finstersten Momenten müssen wir uns bewußt sein, daß Gott über allen Dingen steht und niemals die Kontrolle über eine Situation verliert. Er arbeitet hinter den Kulissen und führt seine Pläne und Ziele durch Menschen aus, die nicht die geringste Ahnung davon haben, daß er sie so benutzt. Deshalb sagte Gott über den Heidenkönig Kyrus: „Mein Hirte, er soll all meinen Willen vollenden." Und später: „Rief ich dich bei deinem Namen und gab dir Ehrennamen, obgleich du mich nicht kanntest" (Jes. 44,28; 45,4). In Jeremia bezeichnet Gott wiederholt Nebukadnezar als „mein Knecht" (Jer. 25,9; 27,6). Kyrus, Gottes Hirte? Nebukadnezar, Gottes Knecht? Diese alten Namen sind oft bedeutungslos für uns heute. Aber was ist mit der Neuzeit? Ist es möglich, daß Gott die gleichen Bezeichnungen für unsere heutigen Herrscher in der Geschichte nimmt? Sagt er immer noch: „Ich rufe dich bei deinem Namen, obwohl du mich nicht kennst?"

Die meisten Christen haben von der großen Erweckung in Indonesien in den 60er und 70er Jahren gehört, aber wenige wissen, wie es geschah. Fast zwanzig Jahre lang, von 1945 bis 1965, war Präsident Sukarno unabhängiger Herrscher. Er begann ziemlich demokratisch, wurde aber mehr und mehr diktatorisch. Obwohl er selbst kein Kommunist war, stellte er sich sehr gut mit Rotchina und dem Kommunismus, bis schließlich mehr als drei Millionen Mitglieder in der kommunistischen Partei seines Landes waren – weltweit die drittgrößte Partei. Durch Peking heimlich unterstützt, hatten die Kommunisten vor, 1967 die Macht in Indonesien zu übernehmen. Aber die Dinge schienen so gut zu gehen, daß sie ihren Plan vorziehen wollten. Im Oktober 1965 starteten die Kommunisten einen Putsch, brachten den Präsidentenpalast und die Radiostation in ihre Gewalt und töteten sechs der wichtigsten Armeegeneräle.

General Suharto jedoch hatte die Nacht im Hospital bei seiner kranken Tochter verbracht. Er entkam dem Tod, rief in letzter Minute seine Truppen zusammen und schlug die Revolte entschieden nieder. Ich muß Ihnen nicht sagen, wie wichtig das war. Indonesien ist das fünftgrößte Land der Erde und dehnt sich durch Inselketten über 4800 km von West nach Ost aus. Wäre der Putsch gelungen, dann hätten Indonesien und Rotchina einen massiven kommunistischen Machtblock gebildet.

Dann geschah etwas Seltsames. Die Leute waren außer sich und wendeten sich in einem wilden Rachezug gegen die Kommunisten. Innerhalb der nächsten zwei Monate wurden über 400.000 Mitglieder der kommunistischen Partei ermordet. Was konnte bei einem solchen Blutbad und der Verwirrung herauskommen? Weil Indonesien ein stark moslemisches Land war, würde man meinen, daß es sich zum Islam bekannte. Weil aber die meisten Kommunisten vorher Moslems gewesen waren, und weil hauptsächlich die Moslems das Blutbad verursacht hatten, kam das nicht in Frage.

Die Christen hatten sich permanent geweigert, an dem Massaker teilzunehmen. Sie predigten weiterhin Vergebung, Liebe und den Wiederaufbau der Nation. Aus diesem Grund wendeten sich die Kommunisten und desillusionierten Moslems zu Tausenden dem Christentum zu. Moslemische Offiziere, die die Haltung ihrer Soldaten ändern wollten, verteilten sogar Tausende von Bibelteilen. Weil Sukarno die Leserate in der Bevölkerung gewaltsam von 5 Prozent 1949 auf 65 Prozent 1965 erhöht hatte (das heißt, es gab bei den unter 35jährigen so gut wie keine Analphabeten), lasen die Soldaten diese Teile der Evangelien, und viele bekehrten sich. Der Heilige Geist nutzte dies, um die existierende Kirche zu beleben, und eine der größten Erweckungsbewegungen dieses Jahrhunderts fand statt — innerhalb von 18 Monaten bekehrten sich über eine Viertel Million Menschen. Die Kirche Indonesiens hat jetzt über 10 Millionen Mitglieder und ist eine der größten in ganz Asien.

Gottes Vorsehung ließ noch ein erstaunliches Wunder geschehen. 1990 traf die christliche Rundfunkorganisation Trans World Radio (Evangeliums-Rundfunk) Vorbereitungen, um das Evangelium von einem neuen Radiosender, der in Moskau stehen sollte, auszustrahlen. Viele Jahre nach dem Zweiten Weltkrieg hatten sie lediglich von Monaco aus senden können. Das Land war durch seine Herrscher, Prinz Rainier und Prinzessin Gracia, bekanntgeworden, sowie durch die Spielcasinos in Monte Carlo. Wie kam der Evangeliumssender gerade in diese Stadt, die hauptsächlich für ihre Geldspiele bekannt ist?

Wegen der zentralen Lage machte Adolf Hitler sie zum Zentrum seiner Propaganda in Europa. Deshalb hatte er dort einen riesigen Sendeturm gebaut. Nach dem Krieg war der Turm eine finanzielle Belastung, und Monaco bot ihn zur Miete an. Paul Freed, der Präsident von Trans World Radio, hörte davon und spürte die Führung Gottes, eine Anzahlung zu leisten — mit der Möglichkeit eines späteren Kaufes. Es wurde ein Kontostand von $83.000 benötigt. Nur noch wenige Tage blieben zum Bezahlen, als Hermann Schulte, ein deutscher Industrieller, davon hörte. Wie paßte er ins Bild? Hermann Schulte hatte in Hitlers Armee gekämpft, war verletzt worden und wäre fast auf dem Schlachtfeld gestorben. Amerikanische Sanitäter lasen ihn auf, brachten ihn ins Krankenhaus und retteten sein Leben. Dann kam er als Kriegsgefangener in die USA und wurde nach Tennessee in ein Kriegsgefangenenlager geschickt. Während dieser Zeit predigten einige Laien aus der nahegelegenen Baptistengemeinde: Schulte bekehrte sich und wurde ein überzeugter Christ. Als er von der Möglichkeit Paul Freeds hörte, einen riesigen Sendeturm zu bekommen, um das Evangelium zu verkünden, kam er für die verbleibenden $83.000 auf. Denken Sie mal darüber nach — Hitler ließ ihn für seine Propaganda bauen, aber benutzte ihn nicht ein einziges Mal. Jahrelang war es die einzige Stimme des Evangeliums, die ganz Europa erreichte. Aber die Geschichte ist noch nicht zu Ende.

Einige Jahre später brauchte TWR einen neuen Sender. Sie hatten für einen gebetet, der so stark sein würde, um jedes Fleckchen dieses Teils der Erde zu erreichen. Endlich fanden sie einen. Sukarno aus Indonesien hatte einen Radiosender bestellt, um seine Propaganda in ganz Asien verbreiten zu können. Der Sender war sehr stark und fürchterlich teuer. Nachdem Sukarno nicht mehr an der Macht war, strich die neue Regierung den Auftrag für den Sender. Die Firma wollte nicht darauf sitzenbleiben und bot ihn unter der Hälfte seines Preises zum Verkauf an, um wenigstens die Kosten zu decken. Paul Freed und Trans World Radio beteten für das Geld und konnten den Sender kaufen. Aber ich habe Ihnen noch nicht das interessanteste *kleine Detail* der Geschichte erzählt. Habe ich *klein* gesagt? Als sie Sukarnos riesigen Sender an die Stelle brachten, die Hitler dafür gebaut hatte, paßte er so genau hinein, daß nur noch zwei Zentimeter übrigblieben!

Vor kurzem hörte ich einen Professor im Fernsehen sagen: „Geschichte ist im Wesentlichen ein Dokument unbeabsichtigter Folgen." Dies ist nur zur Hälfte richtig. Vielleicht von den Menschen unbeabsichtigt, aber, da es in Gottes Pläne aufgenommen wurde, vom Göttlichen beabsichtigt. Die 50/20 - Vision bedeutet, daß *die List der Menschen in den Willen Gottes gekehrt werden kann.* Wenn das Böse so übermächtig zu sein scheint, daß wir uns entmutigen lassen, müssen wir uns daran erinnern, daß Gott wirklich der Herr der Geschichte ist. Obwohl er gewiß nicht der *Autor* von allem ist, ist er doch der *Meister* von allem und nutzt dies, um seine Ziele in der Geschichte zu erreichen.

Der große schottische Prediger Alexander MacLaren kommentierte einmal die Josephsgeschichte, indem er sie mit der Entstehung eines Korallenriffs verglich. Die Korallenpolypen wissen nichts von einem Plan des Riffs – daß es eines Tages eine großartige, schöne Insel sein wird – und bauen blind ihr Riff von dem Material, das der Ozean heranbringt. Genauso führen Narren (Menschen, die Schlechtes tun oder stolz sind) Gottes Plan unwissentlich aus. MacLaren sagt, daß selbst die Sünde so zu einem Kanal wird, durch den das Wasser des Lebens fließt.

Ist Gott wirklich „in" allem?

Was aber ist mit dem *kleinen Bild?* Die kleineren Ereignisse, die persönlichen und individuellen Details, die in unser Alltagsleben eingehen? Die Josephsgeschichte bestätigt uns, daß die 50/20 - Vision selbst darin wirkt. Ich denke, wenn Helen und ich wählen müßten, was das Wichtigste ist, das Gott uns durch unsere Erfahrung gelehrt hat, dann wäre es die unverrückbare Erkenntnis, daß Gottes besondere Gegenwart *in jedem* Lebensdetail steckt. Das wurde uns bestimmt nicht über Nacht klar. Es brauchte viele Jahre schmerzhafter Lektionen, damit diese Wahrheit endlich zu der grundlegenden Überzeugung und einem treibenden Prinzip unseres Lebens wurde. Gott, der göttliche Augenoptiker, mußte das Rezept für unsere geistliche Brille mehrmals ändern, bevor wir die 50/20 - Sicht für das Kleingedruckte im Leben bekamen.

Die oft zitierten Worte von Paulus: „Freuet euch in dem Herrn allewege" erinnern uns daran: „Der Herr ist nahe!" (Phil. 4,4-5). Viele Jahre lang dachten wir, daß sich das auf die baldige Wiederkunft Christi bezog. Mit der Zeit wurde uns klar, daß es sich nur auf die Nähe Christi in unserem Alltag bezog, seine ständige Anwesenheit. Im selben Kapitel sagt Paulus später: „Mir ist alles und jedes vertraut" (Phil. 4,12). Auch wir glauben, daß wir das Geheimnis erkannt haben, daß *Gott in allem ist.* Die deutlichste Stelle im Neuen Testament im bezug auf die 50/20 - Vision ist Römer 8,28: „Wir wissen aber, daß denen, die Gott lieben, *alle Dinge zum Besten dienen,* denen, die nach seinem Ratschluß berufen sind."

Ich möchte Ihnen aber auch klarmachen, daß nicht alles in Ihrem Leben Gottes idealer Wille, sein perfekter und absichtlicher Wunsch für Sie ist. Das ist es nicht. Aber es soll heißen, daß nichts in Ihrem Leben geschehen kann, ohne daß es zuerst an seinem Willen vorbeigeht. Und diese Tatsache, daß alles durch seine Hände geht, bedeutet, daß es keinen Umstand, keine Unterbrechung, keinen Verlust, kein Leid, keine Sünde und kein noch so schlimmes Durcheinander gibt, daß Gott nicht etwas Gutes daraus machen kann. Das bedeutet, daß Gott ein göttlicher Alchemist ist, der jedes Material nehmen kann — selbst Schund aus dem Abfallhaufen des Lebens — es im Feuer seiner Liebe zusammenschmelzen läßt, und es uns als Gold zurückgibt.

Aber was passiert mit den kleinen Dingen, den alltäglichen, trivialen, scheinbar bedeutungslosen und oft frustrierenden Umständen des Lebens? Ist Gott wirklich *in* diesen Dingen?

Ein verschwendeter Tag

Eines Tages, Anfang der fünfziger Jahre, eilte ich zum Morgenzug, um eine Versammlung in einer anderen Missionsstation zu erreichen. Da ich am Abend wieder daheim sein würde, nahm ich außer ein paar Papieren (und natürlich meiner Thermoskanne mit abgekochtem Wasser) nichts mit. Es war fürchterlich heiß, und ich wollte nicht mehr als absolut notwendig mitschleppen. Als wir auf halbem Weg zu unserem Ziel waren, stoppte der Zug. Weiter vorne hatte es eine Entgleisung gegeben, die die Schienen beschädigt hatte. So fuhren wir ein paar Kilometer rückwärts zu einer winzigen Bahnstation, die „am Ende der Welt" lag. Dort mußten wir bis zum nächsten Tag warten, bis ich den Zug nach Bidar und nach Hause nehmen konnte.

Ich war verärgert, als ich entdeckte, daß ich in meiner Eile nichts zu lesen mitgebracht hatte – nicht einmal meinen ständigen Begleiter, das Neue Testament! Deshalb ging ich auf dem Bahnhofsgelände spazieren. Nach dem üblichen kleinen Teeladen gab es noch einen alten, verfallenen Buchladen – ein Überbleibsel aus der Zeit der britischen Kolonialherrschaft. Es schien nichts in Englisch zu geben, und da wir uns in einer anderen Sprachzone befanden, waren selbst die Zeitschriften und Bücher in einer Mundart, die ich nicht kannte. Der Inhaber war meiner Bitte wohlgesonnen, kramte tief in seinen Bücherstapeln und brachte voller Stolz ein einziges Buch auf Englisch hervor. Es war eine vergammelte Taschenbuchausgabe von Ayn Rands „Atlas Shrugged". Bis dahin hatte ich weder vom Autor noch vom Buch selbst etwas gehört. Aber es war meine einzige Hoffnung. Ich muß zugeben, es hatte einen einzigartigen Stil und eine unglaublich anti-christliche Philosophie der Selbstsüchtigkeit, die mich die 1100 Seiten und den ansonsten langweiligen und heißen Tag beschäftigten. Was mich betraf, war das einfach Pech und verschwendete eineinhalb Tage. Als Ergebnis kam ich mürrisch zu Hause an und machte Helen das Leben schwer.

Zehn Jahre später, in meinem ersten Jahr als Pastor in der Kirche der Asbury-Institute, rief mich ein junger Student an und bat um einen Termin. Er war im zweiten Jahr im Asbury College und „hatte einige ernste intellektuelle Schwierigkeiten in bezug auf den christlichen Glauben." Sobald er sich gesetzt hatte, spürte ich sein Unwohlsein. Offensichtlich war er ein brillanter Student, der einmal Arzt werden wollte. Er schaute mich mit einem Ausdruck der Verachtung und des Mitleids an. Ich konnte fast seine Gedanken lesen: „Da hab' ich mir wohl die falsche Person für meine Probleme ausgesucht. Er sieht ja ganz nett aus und wird als Missionar auch ganz geeignet gewesen sein, aber der arme Mann wird meine Probleme, über die ich reden möchte, gewiß nicht verstehen."

Die Unterhaltung blieb oberflächlich, bis mir seine Art auf die Nerven fiel. In meiner Unsicherheit rutschte ich immer tiefer in meinen Sessel. Schließlich bat ich ihn um die intellektuellen Fragen, die er am Telephon erwähnt hatte. Widerstrebend erzählte er mir schließlich von einigen

Büchern, die er gelesen hätte und die ihn „aufgerüttelt hatten". Ich schlug vor, daß wir diese Bücher und seine Zweifel diskutieren könnten. Da zögerte er noch mehr und rückte nicht mit der Sprache heraus. Aber schließlich sagte er mit einem hoffnungslosen Seufzer: „Nun, ich glaube kaum, daß Sie je von einem Buch ‚Atlas Shrugged' von Ayn Rand gehört haben?"

Ich richtete mich im Sessel auf, zur vollen Größe meiner Gelehrsamkeit, grinste und sagte: „Natürlich habe ich es gelesen. In der Tat, vor einigen Jahren, alle 1100 Seiten. Das Buch ist ein Hammer, nicht wahr?" Der Student war vollkommen schockiert; sein Unterkiefer fiel und seine Verteidigung folgte. Wir hatten eine lange Diskussion über Ayn Rand und andere ähnliche Autoren, deren aggressive anti-christliche Philosophie in den 60er Jahren sehr beliebt war. Aber am besten war, daß dies der Beginn einer engen Freundschaft und Mentorbeziehung war, die ihm half, einen soliden christlichen Glauben aufzubauen – ein Glaube, der heute noch lebendig ist. Und alles begann mit einem scheinbar zufälligen Umstand, einer frustrierenden Unterbrechung – etwas, das ich als Pech und einen verschwendeten Tag angesehen hatte. Ich brauchte zehn Jahre, um zu merken, daß ich Unrecht hatte und daß Gott wirklich in der Situation gewesen war.

Auch in den größeren Dingen

Es gibt auch größere, aber genauso persönliche Situationen, die große Entscheidungen beinhalten, Umstände, die das Wechseln der Karriere oder des Kontinents erzwingen. Veränderungen, die wehtun, die hart, schmerzhaft und verwirrend sind. Wenn die kleinen zu trivial und einfach für Gott sind, sind die größeren vielleicht zu verwickelt und komplex für ihn.

Unsere Kinder waren wieder aus Kodai zurück – dem amerikanischen Internat in den Bergen Südindiens, das sie von Januar bis November besuchten. Es war Weihnachten, und wir lebten im Pfarrhaus von Bangalore, wo ich Missionspfarrer der englischsprachigen Kirche war. Helen spielte Klavier, und wir sangen – eine unserer Lieblingsbeschäftigungen als Familie. Zufällig sah ich Steve, unseren Zwölfjährigen, an. Seine lasche Haltung störte mich. „Stell dich gerade hin", befahl ich. „Ich stehe gerade." „Nein, tust du nicht." Ich wollte es ihm beweisen. „Ehrlich Papa, jetzt steh' ich gerade", protestierte er. Ich schaute wieder auf seinen Gürtel. Links ging er fünf Zentimeter nach unten.

„Einen Augenblick, Steve. Bleib mal so stehen." Ich ging zum Klavier, griff unser Gesangbuch und legte es unter seinen linken Fuß. Obwohl das Buch fast drei Zentimeter dick war, war der Gürtel immer noch schräg. Ich legte noch ein Buch hinzu, bis der Gürtel gerade war. Fünf Zentimeter brauchte ich, um beide Beine gerade zu machen. Helen hörte auf zu spielen und schaute zu, dann starrten wir uns an. Es dämmerte uns gleichzeitig. In seinem kürzlichen Wachstumsschub war das rechte Bein fünf Zentimeter länger gewachsen als das linke. Als wir drei Jahre zuvor die USA verließen, hatte uns ein Orthopäde vor einer möglichen Komplikation eines Problems gewarnt, das mit der Geburt begonnen hatte.

Wir brachten ihn in Indien zu einem amerikanischen Spezialisten, der uns sagte, daß Steve eine komplizierte Operation und mindestens drei Jahre genauer Beobachtung benötigte. Das bedeutete, daß unsere Missionsarbeit in Indien vorbei war, denn wenn man damals länger als ein Jahr — der Gültigkeit der Aufenthaltsgenehmigung — außer Landes blieb, konnte man nicht mehr in das Land einreisen. Innerhalb weniger Wochen sahen wir unseren Ruf und unser Engagement zunichte gemacht.

Was sollten wir tun? Unsere Tochter würde im Mai mit der Oberschule fertig werden. Wir beschlossen, daß ich in Indien bleiben würde, Sharon und Debbie in Kodai, während Helen mit Steve nach Hause fliegen würde. Ich wollte bis Mai arbeiten, dann unsere Sachen packen und endgültig nach Hause zurückkehren. Ich würde den Bischof in Kentucky um ein Gespräch bitten und in den USA als Pastor von vorne beginnen.

Das war der Hintergrund für unseren tränenreichen Abschied am Flughafen Bombay. Als wir uns zum Abschied küßten und weinten, sagte Helen zu mir: „David, was mir am meisten Sorgen macht, ist, ob du jemals woanders glücklich sein kannst, außer als Missionar in Indien." Und ich antwortete: „Liebling, du hast recht. Das ist mein Ruf von Gott. Ich kann mit etwas anderem niemals glücklich werden." Damals dachten wir, daß unsere Worte sehr tiefgründig und total geistlich wären. Wir waren unserem Ruf treu. Ich meinte, daß Gott davon ziemlich beeindruckt sein müßte.

Wenn wir heute jedoch an unseren frommen und tränenreichen Abschied zurückdenken, müssen wir über uns selbst lachen. Wir erkennen, daß diese Worte unverfälschter geistlicher Quatsch waren. Wir waren sehr ehrlich und sehr ignorant. Waren unsere Worte nicht Treue gegenüber einem Ruf? Nein, sie waren Ausdruck unserer Depression, gesprochen aus unbewußtem Unglauben und egoistischer geistlicher Dummheit. Aber die Tränen trübten den Blick auf unsere 50/20 - Vision. Wir sahen nur unsere Missionsträume zerstört. Wir sahen nicht Gott *in allem,* wie er seinen Plan zum Guten ausführte. Wir hatten keinerlei Ideen, daß Gott uns eine ganz neue Gemeinde schenken würde. Wir glaubten nicht, daß dies der Anfang einer unserer glücklichsten und dankbarsten Zeiten sein würde. Wir ließen uns nicht träumen, daß dies der Beginn eines neuen und helleren Traumes sein würde und in einer weltweiten Gemeinde resultieren sollte.

Das Versprechen in Psalm 59,10 hatte uns schon immer viel bedeutet: „Meine Stärke, zu dir will ich mich halten; denn Gott ist mein Schutz." Die volle Wichtigkeit wurde uns aber erst durch die Übersetzung von Leslie Weatherhead bewußt: „Mein Gott, in seiner Barmherzigkeit wird mich an jeder Ecke treffen." Ecken bedeuten Wendepunkte, Orte der Ungewißheit und der Veränderung, hinter denen uns eine ungewisse Zukunft erwartet. Wir haben nicht nur gelernt, daß Gott *in* allem ist, sondern auch *um* alle Ecken herum. Vor Jahren fand ich diesen Spruch und habe ihn in mir bewahrt:

> Er steht schon hinter der Ecke,
> um auf mich zu warten,
> damit ich unerschrocken
> in die Zukunft gehen kann.
> Denn nichts kann auf mich zukommen,
> was nicht benutzt werden kann
> von der *Gnade* Gottes,
> zur *Ehre* Gottes,
> meinem eigenen *Wachstum*
> und dem *Besten* für andere.

Die Augen des Herzens

In Epheser 1,18-19 betet Paulus: „Und er gebe euch erleuchtete Augen des Herzens, damit ihr erkennt, zu welcher Hoffnung ihr von ihm berufen seid, wie reich die Herrlichkeit seines Erbes für die Heiligen ist und wie überschwenglich groß seine Kraft an uns, die wir glauben." Paulus erkennt hier, daß die beschriebene 50/20-Vision nicht von der *Brechung unserer Augen* abhängig ist, sondern von den *Reflektionen in unserem Herzen*. Unsere körperlichen Augen entscheiden, was wir sehen, aber unsere inneren Augen, die Augen unseres Herzens, bestimmen, wie wir aufnehmen, was wir sehen. Wie wir das Sehen interpretieren, hängt von dem Geist ab, mit dem wir es anschauen.

Von Joseph lernen wir, daß wir, um unsere Träume ausleben zu können, die 50/20-Vision brauchen, und dafür benötigen wir gewisse Qualitäten des Geistes.

– Einen realistischen Geist. Der junge Joseph war sicherlich ein Träumer. Aber als diese Träume den Realitäten einer grausamen und ungerechten Welt gegenüberstanden, verschwendete er niemals seine Energie dadurch, daß er in eine Phantasiewelt flüchtete. Er nahm immer die Dinge, die ihm in seiner bestimmten Situation zustanden, und benutzte sie, um seinen Traum aufzubauen.

George Washington Carver erzählte folgende Geschichte über sich selbst:

Eines Tages, während er im Feld spazieren ging, sagte er zu Gott: „Herr, warum hast du dieses Universum gemacht?" Gott antwortete: „Kleiner Mann, diese Frage ist viel zu groß für dich." „Nun gut, Herr, warum hast du die Menschen geschaffen?" Wiederum war die Antwort: „Kleiner Mann, selbst diese ist zu groß für dich." Carvers Augen erblickten eine Erdnußpflanze. „Okay, dann sage mir, wozu du die Erdnuß erschaffen hast?" Diesmal sagte Gott: „Kleiner Mann, die ist ungefähr deine Größenordnung. Hör zu, dann werd' ich's dir erklären." Genau das tat Carver; er entwickelte 300 verschiedene Arten der Erdnußnutzung und half damit, die Wirtschaft des amerikanischen Südens zu revolutionieren.

Die 50/20-Vision ist vorhersehend, aber nicht unrealistisch. Sie *nimmt* weit mehr *wahr*, als sie *sieht, aber verleugnet nie, was sie sieht*. Sie wirft einen realistischen Blick auf die Tatsachen: Scheitern, Sünden, Handicaps, zerbrochene Träume, beschädigte Gefühle, Unfälle, Tragödien, Schmerz, Leid und Tod. Gott möchte vielen von uns helfen, Erfüllung in überarbeiteten, umgeformten und wieder aufgebauten Träumen zu finden. Dies kann er aber nicht tun, weil wir uns an unrealistischen und nicht zu verwirklichenden Träumen festhalten und über ihren Verlust trauern. Joseph sagte nicht ein einziges Mal: „Wenn nur ..." Er fragte immer: „Wie kann ich Gott an diesem Ort am besten dienen?" Die 50/20-Vision verschwendet weder emotionale Energie noch geistige Stärke damit, daß sie versucht, Träume aus Phantasiematerial, wie *Optionen, die nicht länger existieren*, zu bauen.

Hier kann ich Widerspruch hören: „Aber Gott braucht doch gewiß nicht unsere Sünden, unsere Fehler und unsere Schnitzer, um seine Pläne und Ziele zu erreichen." Natürlich nicht. Aber *in dieser gefallenen und unperfekten Welt sind das ungefähr alle Materialien, mit denen er arbeiten kann*. Viele unter uns hatten keine Möglichkeit, die Materialien zu wäh-

len. Unsere eigene Wahl besteht nur darin, was wir mit ihnen tun.
- Ein vergebender Geist. Die Augen eines verärgerten und rachsüchtigen Herzens können niemals Gottes Wirken in allen Dingen erkennen. Ja, die Bitterkeit verschleiert den Blick. Einige unter uns müssen vom schwelenden Ärger über ihre eigenen persönlichen Tragödien und Handicaps befreit werden.

1989 predigte Billy Graham in dem riesigen Stadion von Budapest zu 110.000 Menschen, die größte Zuhörerschaft in der Geschichte des Stadions. Das wirksamste Zeugnis für diese Menschen, die so viele Jahre unter Unterdrückung zu leiden hatten, kam allerdings von Joni Eareckson-Tada. Sie sang und teilte den anderen mit großer Kraft mit, was das Kreuz für sie bedeutete. Sie verstanden es, als sie frei von Bitterkeit und Selbstmitleid auf ihren Rollstuhl deutete und sagte: „Dies ist das Gefängnis, das mich befreit hat."

Ein vergebender Geist streckte sich zu denjenigen aus, die uns Unrecht getan haben und uns verletzten. Im Dezember 1982 wurde der 18jährige Collegestudent Ted Morris aus dem Südwesten Kentuckies von dem 24jährigen betrunkenen Autofahrer Tommy Pigage getötet. Ted war der einzige Sohn von Frank und Elizabeth Morris. Tommy wurde festgenommen und des Mordes angeklagt, weil sein Blutalkoholspiegel dreimal höher war als erlaubt. Seit sie ihn zum erstenmal sahen, haßten die Morrisens ihn. Er konnte gehen, reden und atmen, und ihr Sohn lag wegen ihm in einem frischen Grab. Sie fühlten, daß er kein Recht zum Leben hatte. Sie waren glücklich, als er ins Gefängnis kam, um seine Fünfjahresstrafe abzusitzen. Aber langsam wirkte der Geist der Vergebung in ihren Herzen. Sie erhielten die Erlaubnis, daß Tommy sie jeden Sonntag besuchen durfte, damit sie ihn kennenlernen konnten. Schließlich konnten sie ihm ganz vergeben. Ein Bild in der Zeitschrift ‚Parade' vom 16. November 1986 zeigt, wie die Morrisens den Arm um Tommy legen. „Er ist jetzt unser Freund. Wir können nicht sagen, daß er wie ein Sohn ist, denn niemand kann Teds Stelle einnehmen. Aber wir lieben Tommy... wie einen Neffen." Und was bewirkte die Veränderung ihrer Haltung? Sie wollten nicht, daß der Tod ihres Sohnes vergeblich sei. Erst als sie die Gnade der Vergebung spürten, konnten sie den Sinn und Zweck des schlimmen Verlustes sehen. Die 50/20-Vision erfordert eine Reinigung der Linsen von jeglicher Bitterkeit und jeglichem Haß.

- Ein vertrauender Geist. Es kommt nicht überraschend, daß Joseph im Hebräerbrief zusammen mit anderen Berühmtheiten des Alten Testaments erwähnt wird. Seine 50/20-Vision enthielt den kühnen Glauben, einen Plan und Zweck in all diesen scheinbar unsinnigen Ereignissen zu sehen. Vertrauen wagt zu glauben, daß Gott selbst aus den schlimmsten Dingen etwas Gutes machen kann. Es wagt, in etwas Sinnlosem Sinn zu sehen und eine Absicht in etwas Zufälligem. Nein, es beschönigt das Böse nicht. Es schaut ihm vielmehr ins Angesicht und erkennt es als schlecht, aber erklärt dann, daß Gott es zum Guten wenden kann. Der Glaube der 50/20-Vision geht sogar soweit, zu sagen, daß das einzig langwährende Böse in der Welt unsere verärgerte und ungläubige Haltung ist. Es sagt uns, daß Gut und Böse nicht in unseren Umständen liegen, aber darin, wie wir auf sie reagieren. Der Kern dieses Vertrauens besteht darin, daß nichts so böse sein kann, daß Gott nicht in der Lage wäre, es umzuformen, es neu zu gestalten, es wieder aufzubereiten, oder es für seine Zwecke neu zu regeln.

Wir haben 1. Mose 50,20 den Römer 8,28 des Alten Testaments genannt. Lesen Sie einmal Röm. 8,28-34. Unterstreichen Sie die elf großen *Verben* des Abschnitts. Es sind Verben vom Handeln Gottes an uns: dienen (V.28); ausersehen und vorherbestimmt (V.29); berufen, gerecht gemacht und verherrlicht (V.30); nicht verschont, sondern dahingegeben (V.32); gestorben, auferstanden, der uns vertritt (V.34).

Nun lesen Sie Röm. 8,35-39 und unterstreichen Sie die 17 Substantive des Abschnitts. Sie sind die schrecklichsten Substantive, die uns das Böse entgegenschleudern kann: Trübsal, Angst, Verfolgung, Hunger, Blöße, Gefahr oder Schwert (V.35); Tod, Leben, Engel, Mächte, Gewalten, Gegenwärtiges oder Zukünftiges (V.38); Hohes, Tiefes, noch eine andere Kreatur (V.39).

Diese siebzehn tödlichen Substantive haben aber nicht mehr Macht als die elf göttlichen Verben. Das siebzehnte Substantiv schließt sogar alles ein: „noch eine andere Kreatur". Es gibt also absolut nichts, das „uns scheiden kann von der Liebe Gottes, die in Christus Jesus ist, unserem Herrn" (V.39).

Deine Ruhe spannt sich gelassen über uns,
um meine Unruhe wegzunehmen.
Um mich herum fließt dein Leben,
um meinen zögernden Willen vorzubereiten;
deine Gegenwart füllt meine Einsamkeit;
deine Vorsehung wendet alles zum Guten.

Tief eingebettet in deiner Liebe,
in deinem Gebot festgehalten bin ich.
Deine Hand erblicke ich in allen Dingen
und alle Dinge in deiner Hand.
Du führst mich auf ungeahnten Wegen,
und wandelst meine Klagen in Lob.

Samuel Longfellow

Larmann — ein mutiges Programm

In dieser Reihe liegt außerdem vor:

George Ritchie / Elizabeth Sherrill
RÜCKKEHR VON MORGEN
100 Seiten, Paperback

1943 starb George Ritchie; dann kehrte er auf wunderbare Weise ins Leben zurück, um ein erstaunliches Erlebnis zu erzählen — das Erleben des Todes und der Welt danach.

Wie Sie dieses Buch auch beurteilen: zustimmend oder ablehnend — es stellt Sie vor die entscheidenden Fragen Ihres Lebens!

Dr. Petti Wagner
DER ZWEITE AUFTRAG
Entführt, mißhandelt, hingerichtet — aber sie lebt!
144 Seiten, Paperback

Diese spannende, wahre Geschichte erzählt das beinahe unglaubliche Schicksal einer Frau, die entführt, gefoltert und durch Elektroschocks getötet wurde. Der Arzt stellte den Totenschein aus. Aber sie lebt!

Für Petti Wagner, die Frau mit den zwei Leben, gibt es dafür nur eine Erklärung: „Gott hatte noch einen Auftrag für mich..."

Larmann
Postfach 640 · 3550 Marburg

Larmann — ein mutiges Programm

Pat Pulling
DAS TEUFELSNETZ
*Sie wollen unsere Kinder.
Und wenn wir uns nicht wehren, ist es zu spät...*

200 Seiten, Paperback

Dieser Report zeigt, wie Satan nach unseren Kindern greift. Fernsehserien, die Gewalt verherrlichen, Black Metal Music und „Trash"-Videos sind nur einige Maschen des Netzes, das sich immer enger zieht. Nur wenn wir die Strategie des Bösen kennen, können wir gegen sie angehen.

Gary Smalley / John Trent
DIE WORTBILD-METHODE
Wie Sie Gefühle so ausdrücken können, daß jeder Sie versteht

200 Seiten, Paperback

Die beiden Psychologen und Familienseelsorger stellen hier einen Weg vor, auf dem man das Herz seines Gegenübers erreicht: die Wortbild-Methode. Dieses Konzept fördert nicht nur das Verständnis füreinander, sondern ermöglicht auch tiefere Einblicke in das Gefühlsleben des Gesprächspartners.

Ein hilfreiches, leicht verständliches und durch viele Beispiele illustriertes Handbuch für Ehepartner, Eltern, Freunde, Arbeitgeber, Arbeitnehmer, Lehrer, Seelsorger, Politiker...

---

*Larmann
Postfach 640 · 3550 Marburg*